권세 있는 공동체, 교회

국제제자훈련원은 건강한 교회를 꿈꾸는 목회의 동반자로서 제자 삼는 사역을 중심으로 성경적 목회 모델을 제시함으로 세계 교회를 섬기는 전문 사역 기관입니다.

권세 있는 공동체, 교회

초판 1쇄 발행 2009년 5월 29일
초판 8쇄 발행 2023년 2월 10일

지은이 배창돈

펴낸이 오정현
펴낸곳 국제제자훈련원
등록번호 제2013-000170호(2013년 9월 25일)
주소 서울시 서초구 효령로68길 98(서초동)
전화 02)3489-4300 **팩스** 02)3489-4329
이메일 dmipress@sarang.org

저작권자 (C) 배창돈, 2009, *Printed in Korea*.
이 책은 저작권법에 의해 보호를 받는 저작물이므로 저자와 출판사의 허락 없이
내용의 일부를 인용하거나 발췌하는 것을 금합니다.

ISBN 978-89-5731-395-4 03230

※ 책값은 뒤표지에 있습니다. 잘못된 책은 구입하신 곳에서 교환해드립니다.

권세 있는 공동체, 교회

배창돈 지음

국제제자훈련원

머리말

　　　　　　　　　교회는 이생과 내세의 삶을 주관할 뿐 아니라 영향력을 끼치는 공동체로서 너무나 존귀하다. 어거스틴은 "교회를 어머니로 섬기지 않는 자는 하나님을 아버지로 모실 수 없다"고 했다.

　교회는 권세 있는 공동체이다. 이 권세는 하나님께서 허락하신 것이다. 성도가 교회를 바로 알면 교회 안에서 지체로서의 역할을 잘 감당하며 건강한 교회를 세우는 일에 주역이 되고, 세상으로 나가 빛과 소금의 역할을 감당하는 능력 있는 그리스도인이 된다.

　그런 교회가 세상 사람들이 만든 단체나 계모임보다 못하게 취급당하는 것을 보면 마음 깊은 곳에서 솟아오르는 안타까움을 억누를 수 없다. 주님의 피로 값 주고 세운 교회를 업신여기는 것은 교회를 잘 모르기 때문이다. 교회에 주신 권세를 그리스도인들이 확신했다면 교회도 세상도 많이 달라졌을 것이다.

　예수님께서는 교회가 교회 되게 하시기 위해 제자훈련

을 하셨고, 성령을 보내 주셨다. 제자들은 예수님의 뜻을 충성스럽게 받들어 섬겼고, 그 결과 이 땅에 건강한 교회들이 수없이 세워졌으며 세계만방에서 하나님의 이름을 드러내는 위대한 공동체가 나타나기 시작했다. 거기에는 물론 국가도 포함된다.

프랑스의 위대한 철학자 알렉시스 드 토크빌(Alexis de Tocquevile)은 1830년대에 미국을 방문하여 "미국은 선하기 때문에 위대하다. 그러나 이 나라가 선하기를 멈출 때, 더 이상 위대하지 않을 것이다"라고 말했다. 하나님의 교회는 하나님의 뜻을 전파하므로 교회에 속한 성도는 선을 추구하도록 되어 있다. 그런데 교회가 세상의 문화를 받아들이고 교회의 머리 되신 주님의 뜻에 불순종할 때 국가도 어두움의 긴 터널로 들어갈 수밖에 없다.

오늘날 많은 안티 기독교인들이 문화를 장악하고 방송과 언론 그리고 인터넷을 점령하여 죄를 미화하고 선전하며 교회를 공격하면서 복음 전파를 방해하고 있다. 지금

이야말로 교회의 본질을 회복해야 할 때다. 그래야 교회에서 잘 양육받은 성도들이 우리 민족을 살릴 수 있다. 교회는 개인과 가정 그리고 민족의 소망이다.

지난 20년 동안 제자훈련을 하면서 교회가 권세 있는 공동체의 모습으로 회복하기를 간절히 소망하며 실천해 온 결과가 서서히 나타나고 있음을 본다. 요즘 교회 안에서 "우릴 사용 하소서"라는 찬양 가사에 크게 공감하고 있다.

> "우리에겐 소원이 하나 있네
> 주님 다시 오실 그날까지
> 우리 가슴에 새긴 주의 십자가 사랑
> 나의 교회를 사랑케 하네
> 주의 교회를 향한 우리 마음
> 희생과 포기와 가난과 고난
> 하물며 죽음조차 우릴 막을 수 없네

우리 교회는 이 땅의 희망
교회를 교회 되게 예배를 예배 되게
우릴 사용 하소서
진정한 부흥의 날 오늘 임하도록"

  교회는 이 땅에 생명을 전하는 유일한 공동체이다. 『존귀한 공동체, 교회』의 후속편이라고 할 수 있는 이 책을 통해 성도가 교회를 소중하게 여겨 교회가 권세 있는 공동체로 거듭나는 데 큰 도움이 되기를 간절히 소원해 본다.

평택대광교회 배 창 돈

 목 차

머리말

들어가는 말 • 10

1. 권세 있는 공동체, 교회 • 13
예수님의 권세를 위임받은 교회 | 성령을 통해 일하는 교회 | 하나님의 권세에 도전하는 사탄

2. 교회 권세에 대한 도전 • 27
외부적인 도전_ 핍박·이단 | 내부적인 도전_ 리더십에 대한 도전·분열·영혼 실족·어설픈 리더

3. 권세 있는 초대교회 • 47
사도의 가르침 | 교제 | 떡을 뗌 | 기도에 힘씀 | 기사와 표적 | 유무상통 | 날마다 마음을 같이 함

4. 권세를 잃은 교회 • 67
전도에 무관심한 교회 | 훈련을 싫어하는 교인 | 말씀을 듣기만 하는 교인 | 비겁한 교인 | 직분을 탐하는 교인

5. 권세 있는 교회의 비밀 • 87
하나님의 주권을 통한 권세_ 평택대광교회 건축 이야기·교회의 제일 되는 목적 | 하나님 말씀으로부터 나오는 권세 | 순종으로부터 나오는 권세_ 순종으로 세워지는 건강한 교회·하나님을 경험하는 순종·순종의 자세와 결과·순

좋은 지혜 | 전도로부터 시작되는 권세 | 십자가의 사랑을 통한 권세 | 섬김으로부터 나오는 권세_ 섬김으로 사역을 시작하신 예수님 · 하나님 나라의 리더십은 섬김의 리더십 · 섬김으로 세워지는 하나님 나라 공동체 · 섬김의 문화, 교회에 뿌리 내리기 | 기도로부터 나오는 권세_ 새벽기도 · 중보기도

6. 권세로 세상을 변화시킨 제자들 • 131
지역을 장악하는 권세 | 시간을 넘나드는 권세

7. 성도에게 주신 권세 • 141
하나님 자녀로가 가진 권세 | 축복하는 권세 | 복의 통로인 그리스도인

8. 제자훈련의 영향력을 통해 나타나는 권세 • 159
제자훈련을 통한 변화 | 영혼을 구원하는 영향력

9. 그리스도의 몸인 교회로서의 권세 • 187
건강한 몸으로서의 교회 | 예수님의 일을 하는 교회 | 교회의 머리 되신 예수님 | 동역을 위해 존재하는 모든 지체 | 복음의 동역자 | 건강한 동역자가 되기 위해 버릴 것_ 낮은 자존감을 극복하라 · 교만은 쓰레기통에 넣으라 · 자기사랑은 독약이다 · 과도한 열심을 경계하라 · 무질서가 조화를 깬다

맺는말_ 권세 있는 교회를 꿈꾸라!• 206

들어가는 말

권세와 관계된 구약의 주요 히브리어 단어인 '토케흐'(toqeph)는 '힘' 또는 '능력'이라는 의미가 있고 또 다른 원어인 '자라'(zara)는 '낳다', '열매 맺다', '산출하다'의 의미가 있다. 신약에 나오는 헬라어 단어인 '엑수시아'(exousia)는 '능력'의 의미에서 유래되어 '특권', '힘', '능력', '영향력' 등의 의미가 있다.

하나님은 영원한 권세를 가지셨다. 주기도문을 통해 예수님께서 알려 주셨다. "우리를 시험에 들게 하지 마시옵고 다만 악에서 구하시옵소서 (나라와 권세와 영광이 아버지께 영원히 있사옵나이다 아멘)"(마 6:13).

하나님의 권세는 무궁하다. 하나님의 권세를 살펴보면, 만물을 창조하신 권세(사 40:26), 만물을 주관하시는 권세(대상 29:12), 영혼을 구속하시는 권세가 있다. 권세를 가지신 하나님은 부활하신 예수님께 모든 권세를 주셨다. "예수께서 나아와 말씀하여 이르시되 하늘과 땅의 모든 권세를 내게 주셨으니"(마 28:18)라고 하셨다.

예수님은 이 땅에서 권세를 가지고 사역하셨다. 그리고 자신의 권세에 대해 말씀하셨다. "그러나 인자가 세상에서 죄를 사하는 권능이 있는 줄을 너희로 알게 하려 하노라 하시고"(마 9:6), "이를 내게서 빼앗는 자가 있는 것이 아니라 내가 스스로 버리노라 나는 버릴 권세도 있고 다시 얻을 권세도 있으니 이 계명은 내 아버지에게서 받았노라 하시니라"(요 10:18).

교회는 권세 있는 공동체이다. 교회의 권세는 하나님의 권세로부터 시작된다. 그리고 예수님께서 교회의 머리 되심으로 교회가 권세 있는 공동체임을 알려 주셨다. "그는 몸인 교회의 머리시라 그가 근본이시요 죽은 자들 가운데서 먼저 나신 이시니 이는 친히 만물의 으뜸이 되려 하심이요"(골 1:18). 성도는 권세 있는 공동체 교회에 속한 지체라는 사실에 자부심을 가져야 한다. 이런 자부심을 가진 성도를 통해 교회는 풍성한 열매를 맺을 수 있다.

1. 권세 있는 공동체, 교회

교회는 찬란하고 영광스럽다. 요한계시록 12장 1절에 나타난 교회의 모습은 해를 입고 발 아래에 달이 있고 열두 별로 면류관을 쓰고 있는 여인의 모습이다. 이 땅의 교회가 분열되고 세속화의 몸살을 앓고 있지만 교회의 정체성을 회복한다면 주님께서 원하시는 교회가 될 수 있다.

교회는 이 세상에서 가장 영향력 있는 공동체다. 교회의 영향력은 만물을 지배하는 영향력이다. 예수님은 만물 위에 교회를 세우셨고 친히 교회의 머리 되심을 강조하셨다. 교회의 권세는 그리스도로부터 나온다. 에베소서 1장 21절에서는 "모든 통치와 권세와 능력과 주관과 이 세상뿐 아니라 오는 세상에 일컫는 모든 이름 위에 뛰어나게 하시고"라고 말씀한다. 이는 그리스도에 대한 적대 세력이라고 할 수 있는 어떤 강대국이나 정치적인 세력을 총 망라한 이 세상의 모든 권세를 지배하고 다스리는 분이 그리스도이심을 나타낸다. 또한 모든 세대인 이 세상과 오는 세상을 주관하신다. 교회의 머리인 주님의 명령을 받아 충실하게 섬기는 교회는 이 땅에 그리스도의 기운이 가득 차게 한다.

"또 만물을 그의 발 아래 복종하게 하시고 그를 만물 위에 교회의 머리로 삼으셨느니라 교회는 그의 몸이니 만물 안에서 만물을 충만하게 하시는 이의 충만이니라"(엡 1:22-23).

교회는 만물을 충만케 하는 권세를 가지고 있다. 그럼에도 세상에서 영향력을 발휘하지 못하는 것은 교회가 가지고 있는 엄청난 권세를 우습게 보는 교인들이 많기 때문이다. 그리스도의 몸인 교회를 깨닫지 못하면 주께 순종할 수 없고, 세상적인 관점이나 주관적인 생각에 따라 행동함으로써 사람의 구미에 맞는 모습으로 변질되고 교회의 본질에서부터 이탈할 수밖에 없다.

세상의 정사와 공중의 권세 잡은 사탄은 지배권을 확장시키고 있다. 디트리히 본회퍼는 "어둠의 권세인 마귀들이 이 세상의 지배권을 장악하고 악독한 음모를 꾸미고 있는 것에 대해 눈을 감아서는 안 된다"고 말하고 있다. 사탄은 먼저 믿지 않는 자들의 마음을 혼미케 하여 복음의 광채가 비춰지 못하도록 하며(고후 4:4), 교활한 속임수 같은 다양한 방법으로 교회의 권세를 약화시키기 위해 노력하고 있다. 특히 사탄은 문화적인 권세를 이용하여 세상의 문화를 통해 사람들을 타락시키려고 온갖 수단과 방법을 다 사용하고 있다. 문화를 이용하는 것이 무척 효과적이라는 사실을 사탄은 아주 잘 알고 있다. C. S. 루이스는 그의 저서 『스크루테이프의 편지』에서 이 사실을 예리하게 지적했다. 스크루테이프가 조카 웜우드에게 보낸 편지의 내용은 사탄의 전략이 얼마나 치밀하고 교활한지를 보여 준다.

"당분간 우리의 정책을 숨기는 것이 우리의 정책이다. 물론 처음부터 그랬던 것은 아니지. 사실 우리는 지독한 딜레마에 직면해 있다. 인간이 우리의 존재를 믿지 않으면 직접 테러를 가함으로써 얻는 즐거운 소득을 포기해야 하고 마술사도 만들어 낼 수 없다. 반대로 인간이 우리의 존재를 믿게 되면 유물론자나 회의론자를 만들어 낼 수 없지. 어쨌든 적어도 아직까지는 우리의 존재를 알릴 때가 아니야. 그러나 나한테는 한 가지 위대한 소망이 있다. 언젠가 적당한 때가 되면 과학을 감상적으로 만들고 신화화함으로써 원수를 믿으려는 인간의 마음이 미처 열리기 전에 사실상 우리에 대한 믿음 (물론 우리를 노골적으로 내세우지는 않겠지만)을 슬금슬금

밀어 넣는 법을 터득할 날이 오고야 말거라는 소망이지. 생명력(Life Force)이라든가 성(性)숭배 풍조, 정신분석의 몇몇 부분은 이점에서 유용하게 써 먹을 만하다. 언젠가 우리가 '유물론자 마술사'라는 완전무결한 작품을 만들어 낼 그날이 오면, 즉 '영'의 존재를 거부하되 자기가 막연히 힘(Force)이라고 부르는 것을 직접 활용까지는 못하더라도 사실상 숭배하는 사람을 탄생시키는 그날이 오면, 그때 비로소 우리는 이 기나긴 전쟁의 끝을 보게 될 게다."

인터넷이 문명의 산물이라고 자랑하지만 그 뒤에 있는 사탄의 의도를 볼 수 있어야 한다. 인터넷을 통한 기독교 비방과 공격은 도를 넘어서고 있다. TV와 영화를 통해 사람들의 생각을 빼앗고 있다. 사탄은 사람들이 죄에 대해 무감각해지도록 유도하고 있다. 죄성을 자극하여 사람을 타락하게 하고 가정을 파괴시키며 나아가 교회를 분열시켜서 제 역할을 하지 못하도록 한다. 근래에 들어 인기 있는 영화는 대부분 폭력적이고 외설적이다. 도덕적인 기준보다 사람들의 말초신경을 자극하고 파격적인 내용으로 사람들의 시선을 끌어 몇백만의 관객을 끌어 들인다. "나의 아내가 결혼했다", "미스 홍당무" 등의 영화는 기본적인 윤리까지 뒤엎는 내용들이다.

사탄의 영향력은 성경 여러 곳에서 찾아 볼 수 있다.

"그때에 너희는 그 가운데서 행하여 이 세상 풍조를 따르고 공중의 권세 잡은 자를 따랐으니 곧 지금 불순종의 아들들 가운데서 역사하는 영이라"(엡 2:2).

"우리의 씨름은 혈과 육을 상대하는 것이 아니요 통치자들과 권세들과 이 어둠의 세상 주관자들과 하늘에 있는 악의 영들을 상대함이라"(엡 6:12).

마귀의 권세는 결국 교회의 권세 앞에 굴복하게 될 것이다. 교회가 교회의 머리 되신 주님의 명령 앞에 순종하기만 한다면 이 땅에서 가장 강력한 권세를 행사하게 된다. 우리가 섬기는 이 땅의 모든 교회가 권세 있는 공동체로서의 정체성을 회복하기를 간절히 소원해 본다.

예수님의 권세를 위임받은 교회

세상의 권세는 잠깐이다. 그러나 예수님은 하늘과 땅의 모든 권세를 가지셨으며, 그 권세는 영원하다. 예수님의 말씀은 창조의 권세, 회복의 권세, 치료의 권세, 심판의 권세를 가지고 계신다. 예수님은 하나님과 동등한 권세를 가지신 모든 이름 위에 뛰어나신 분으로 모든 사람으로부터 찬양과 존귀를 받으실 분이다.

권세를 가지신 예수님은 교회가 자신에게 속하였다고 말씀하셨다. 예수님께서는 베드로에게 마태복음 16장 18절에서 "또 내가 네게 이르노니 너는 베드로라 내가 이 반석 위에 내 교회를 세우리니 음부의 권세가 이기지 못하리라"고 말씀하셨다. 여기서 예수님은 '내 교회를 세우리니'라고 말씀하심으로써 성도를 자신의 소유된 백성으로 선포하심과 함께 교회가 세상 그 무엇과도 비교할 수 없이 소중함을 말씀하셨다. 권세를 가진 예수님은 제자들에게 사역을 위임하셨다.

※

"예수께서 나아와 말씀하여 이르시되 하늘과 땅의 모든 권세를 내게 주셨으니 그러므로 너희는 가서 모든 민족을 제자로 삼아 아버지와 아들과 성령의 이름으로 세례를 베풀고 내가 너희에게 분부한 모든 것을 가르쳐 지키게 하라 볼지어다 내가 세상 끝날까지 너희와 항상 함께 있으리라 하시니라"(마 28:18-20).

하늘과 땅의 모든 권세를 가진 주님의 명령 앞에 제자들은 충성된 모습을 보였다. 예수님께서 위임하신 사역에 순종한 제자들은 복음을 전하는 현장에서 주님의 권세를 드러냈다.

그리고 곳곳에 교회가 세워졌다. 주님의 권세를 인정하는 교회에는 주님의 제자들이 많다. 이런 주님의 제자를 통해 하나님의 나라가 확장된다.

성령을 통해 일하는 교회

오순절 성령 강림 이후 교회는 본격적으로 사역을 시작했다. 교회와 그리스도의 관계처럼 교회와 성령도 따로 떼어놓고 생각할 수 없다. 성령의 증거로 교회가 탄생되었고 교회는 성령의 지시와 능력으로 그리스도를 증거하기 때문이다. 또한 성령은 교회가 전파하는 복음에 구원하는 능력이 있게 하시며 교회를 하나 되게 하신다. 예수님은 제자들에게 보혜사 성령을 보내시기로 약속하셨고 오순절 성령 강림으로써 교회는 주님께서 위임하신 사역을 능력 있게 행하게 되었다. 교회는 성령에 의하여 사역하고 성령은 교회를 통하여 그리스도의 일을 한다. 따라서 교회는 성령 안에 있고 성령은 교회 안에 임재해 계신다(고전 4:16, 6:19; 고후 6:16).

성령은 예수 그리스도를 구주로 믿는 모든 교회를 하나로 만든다. 인종, 신분, 국가 그리고 빈부와 지식의 차이를 초월한다. 성령은 모든 벽을 허물어 그리스도 안에서 교회를 하나로 만드신다.

성령의 임재하심(행 1:5)은 교회가 복음 증거의 사역을 감당케 한다. "오직 성령이 너희에게 임하시면 너희가 권능을 받고 예루살렘과 온 유대와 사마리아와 땅 끝까지 이르러 내 증인이 되리라"(행 1:8). 성령은 복음을 전하는 권세 있는 교회로서의 사역을 감당케 한다. 안디옥 교회는 성령의 지시에 따라(행 13:3) 바나바와 바울을 소아시아의 선교사로 파송함으로써 바울의 제1차 선교 여행이 시작되었고 소아시아 지역에까지 복음이 전파되었다.

전도하는 교회는 성령의 권능을 체험하게 된다. 전도 현장에서는 성령의 인도하심과 간섭을 아주 민감하게 느낀다. 성령께서는 교회를 통하여 복음이 전파되게 하실 뿐 아니라 메시아의 재림을 준비하고 계신다. 하나님 나라를 위한 마지막 단계의 사역을 하고 계신 것이다.

교회는 성령의 지시를 받아 사역해야 예수님께서 기뻐하신다. 영혼 구원의 열정을 가지고 성령의 인도하심을 받는 교회야말로 이 땅에서 권세 있는 교회로서의 역할을 잘 감당하는 교회인 것이다. 주님은 오늘도 성령의 음성에 귀기울이는 교회를 찾고 계신다. "귀 있는 자는 성령이 교회들에게 하시는 말씀을 들을지어다"(계 2:29).

하나님의 권세에 도전하는 사탄

사탄은 창세 이후로 하나님의 권세를 약화시키기 위해 온갖 방법을 다 사용하고 있다. 에덴동산에서는 아담과 하와에게 거짓을 말하여 하나님의 권세에 도전했다. 사탄이 지배하는 왕국에 있던 자가 예수 그리스도의 주권 아래서 삶을 시작하려 할 때 사탄은 그냥 방관하지 않는다. 그들의 전술인 거짓과 교활한 속임수로 유혹하여 다시 자신들의 지배하에 두려고 한다. 그러나 사탄이 하나님의 권세에 도전을 해도 그 결과는 이미 정해져 있다.

사탄은 예수님께서 사역을 시작하실 때, 예수님의 권세를 약화시키기 위해 유혹했다. 그러나 예수님은 한 치의 틈도 보이지 않으시고 말씀으로 사탄의 도전을 단호하게 물리치셨다(마 4:1-11). 초대교회 시작과 함께 아나니아와 삽비라를 통해 교회를 혼란에 빠뜨리려고 했다. 아나니아와 삽비라에게 교회 내 지도적인 입장을 부러워하도록 하여 종교적인 허영심을 발동시킨 것이다(행 5:1-11). 그러나 이 또한 실패하고 말았다. 사탄은 지금도 주님께서 피로 값 주고 세운 교회가 권세를 사용하지 못하도록 혼란에 빠뜨리기 위해 온갖 방법을 다 사용하고 있다.

사탄은 교회가 세상의 전통과 관습을 자연스럽게 받아들

여 서서히 타락하도록 수단과 방법을 다한다. 교회 지도자를 음해하고 약점을 부각시켜 리더십을 약화시키고, 전하는 메시지가 성도들에게 전달되지 못하도록 온 힘을 다해 막는다. 특히 사탄은 교만한 자와 욕심이 많은 자, 그리고 영적 분별력이 없는 자들을 이용하여 교회의 분열과 혼란을 조장하고 있다.

사탄은 사람들을 유혹할 때 그 근원이 자신들임을 철저하게 숨긴다. 가장 합리적으로 보이는 세상의 논리와 전통, 그리고 여론과 같은 것을 이용한다. 사탄의 또 하나 무기는 '의심'이다. 의심을 이용해서 혼란에 빠뜨린다. 하나님 말씀에 대한 의심, 지도자에 대한 의심을 불어 넣어 불안과 염려에 빠지게 만든다. 거짓말로 의심하도록 만들어 하나님의 말씀에 불순종하게 함으로써 하나님께서 준비하신 에덴동산에서 몰아낸 수법은 오늘날에도 교회와 가정에서 통하고 있는 단골 메뉴다.

특히 영적으로 어린 성도들이나 믿음이 약한 자들은 집중 공략의 대상이 된다. 의심은 교회와 교회 지도자에 대한 부정적인 시각을 심어 준다. 섬김과 헌신을 통한 축복보다 현재의 욕심을 추구하도록 해서 신앙생활이 힘들고 어려운 것이라고 유혹한다. 그럼으로써 성도가 십자가를 지고 가는 제자가 되지 못하도록 막는다. 사탄은 거짓말을 통해 많은 효과를 보았기 때문에 앞으로도 이 방법을 계속 사용할 것이다.

※

"너희는 너희 아비 마귀에게서 났으니 너희 아비의 욕심대로 너희도 행하고자 하느니라 그는 처음부터 살인한 자요 진리가 그 속에 없으므로 진리에 서지 못하고 거짓을 말할 때마다 제 것으로 말하나니 이는 그가 거짓말쟁이요 거짓의 아비가 되었음이니라"(요 8:44).

주님이 오실 때까지 사탄의 공격과 유혹은 계속 될 것이다. 그러므로 성도는 한시도 긴장을 늦추지 말고 항상 깨어 있어야 한다.

※

"이것은 이상한 일이 아니니라 사탄도 자기를 광명의 천사로 가장하나니"(고후 11:14).

"근신하라 깨어라 너희 대적 마귀가 우는 사자같이 두루 다니며 삼킬 자를 찾나니"(벧전 5:8).

2. 교회의 권세에 대한 도전

교회는 외부적인 도전뿐 아니라 내부적인 도전에도 더욱 강한 모습을 보여 왔다. 사탄은 두 가지의 모습으로 나타나 공격하고 유혹한다. 그 첫째는, 베드로전서 5장 8절, "근신하라 깨어라 너희 대적 마귀가 우는 사자같이 두루 다니며 삼킬 자를 찾나니"라는 말씀처럼 민첩한 기동성과 넓은 행동반경을 가진 '포악한 사자'의 모습으로 나타난다. 두 번째는, 고린도후서 11장 14절의 "이것은 이상한 일이 아니니라 사탄도 자기를 광명의 천사로 가장하나니"라는 말씀처럼 '광명의 천사'로 나타난다.

사탄은 교회의 권세를 무력화시키기 위해 교회의 내부와 외부에서 입체적이고 다양한 방법으로 저항하고 도전하고 있다. 따라서 성도는 사탄의 다양한 공격 방법을 알고 하나님이 주시는 지혜로 분별하고 승리해야 한다.

외부적인 도전

교회는 여러 곳에서 저항과 도전을 받는다. 그 저항이 심각한 핍박으로 다가오기도 하고 어떤 경우는 군사적인 무력으로 또는 국가적인 박해로 다가오기도 한다. 복음을 들고 세계 곳곳으로 나아간 제자들은 가는 곳마다 그들의 종교와 전통적인 관습, 그리고 사상으로부터 심한 저항과 핍박을 받았을 뿐 아니라 끊임없이 이단의 공격을 받았다.

1) 핍박

예수님의 죽음과 부활로 시작된 교회는 당시 제자들과 성도들이 거주하고 있던 예루살렘에 큰 핍박이 일어나 다른 지역으로 흩어졌고, 이로 인해 사마리아와 시리아 등 곳곳에 교회가 세워졌다. 각 처에 교회를 세운 예수님의 제자들은 순교의 길을 걸으며 교회를 사수했다. 로마에서도 성도에 대한 박해가 끊이지 않았다. 베드로는 로마의 네로 황제로부터 핍박을 당하지만 이에 굴하지 않고 복음을 전하다가 순교했다. 핍박을 견디다 못한 성도는 지하로 숨어 카타콤이라는 지하굴을 만들어 교회를 유지했으며, 그가 전한 복음은 그의 순교 이후에도 계속 확산 되어나갔다.

그리스도교의 원어는 크리스티아노스(Christianos)라 불린다. 이를 그리스어로 번역하면 "그리스도를 따르는 자들"이라는 뜻을 가졌다고 한다. 그리스도를 따른다는 것은 단지 믿고 따른다는 뜻이 아니라 예수님의 십자가를 지고 고난에 동참하겠다는 뜻이다.

로마의 기독교 핍박은 참으로 잔인하게 지속적으로 자행되었다. 특히 로마 황제 디오클레티안 갈레리우스(Diocletian Galerius)는 기독교를 핍박한 악명 높은 인물이다. 17,000여 명이나 되는 기독교인을 한 달 만에 죽였는데 초기 기독교 신학자이며 저술가인 락탄티우스는 이 시기를 가리켜 '대핍박'이라 불렀다. 그러나 이런 핍박과 방해에도 불구하고 교회는 지속적으로 성장했다. 기독교인들은 소수였지만 로마제국 내에 매우 중요한 역할을 감당했고, 로마제국의 고위직을 맡은 자들이 기독교로 개종했다.

중국에는 1억에 가까운 그리스도인들이 있다고 한다. 중국이 공산화 될 때 남아 있던 그리스도인들은 불과 몇십만에 불과했다. 그러나 공산정권의 핍박과 문화 대혁명의 칼날 속에서도 복음의 능력은 계속해서 역사했다.

주님의 권세가 세상에서 힘을 발휘하고 구체화 되어 드러난 것은 제자들이 예수님과 함께 3년 동안 입체적인 제자훈련을 받은 결과임을 부인할 수 없다. 외부적인 도전이 아무리 거세어도 하나님의 교회는 더욱 왕성해지고 승리의 개선가를 부르게 될 것이다.

2) 이단

교회에 대한 이단의 공격은 기독교 초기부터 시작되었다. 이단의 공격은 오늘날까지 계속 이어져 교회를 공격하고 영혼을 실족시키고 있다. 그들은 교회의 허점을 놓치지 않는다.

교육이나 훈련에 익숙하지 않은 교인들은 쉽게 이단으로 넘어간다. 예전과 달리 교회를 쉽게 옮기는 것도 문제다. 예전에는 이명증서를 가지고 있어서 신앙의 정도와 신분을 확인할 수 있었다. 그러나 오늘날 교회들은 이렇게 너무 쉽게 옮기는 교인들을 환영하고 받아 줌으로 인해 이단의 침투를 더욱 용이하게 해주었다. 대부분의 교회가 한 번 출석하면 등록교인으로 받아 주므로 자신의 과거를 속이고 얼마든지 교회를 농락할 수 있다. 교회 안에서 심각한 죄를 범하고 책벌을 받아도 다른 교회로 옮기기만 하면 아무 문제 되지 않는다고 생각하는 사람들이 많다. 이에 대한 제도적인 개선이 없다면 주님의 몸 된 교회는 교회의 역할을 감당하는 데 한계 상황에 도달할 수밖에 없을 것이다.

신천지의 경우 작은 교회에 침투하여 교역자와 교인들에게 신임을 얻어 교회 안에서 영향력을 행사하고 교제를 통해 성도들을 자기 사람으로 만들어 교회를 아예 접수하기도 한다. 그리고 큰 교회에는 다수가 침투하여 교회와 교인들을 혼란에 빠뜨린다.

교회 성장에 눈이 어두워 교회를 쉽게 옮겨 다니는 교인들을 생각 없이 받아들이고 환영할 때 사탄은 기회를 놓치지 않고 교회를 분열시키고 영혼들을 무차별적으로 공격한다. 교회가 새가족 훈련을 철저하게 하고, 영적으로 성숙한 훈련된 평신도 지도자들을 소그룹 지도자로 세우고, 제자훈련과 전도훈련으로 무장하여야 한다. 그렇지 않으면 교회에 침투하는 이단에게 속수무책으로 당할 수밖에 없다.

주님께서는 이런 것을 염두에 두시고 제자들을 훈련시켰을 것이다. 제자훈련으로 교회가 영적으로 성숙하고 영적분별력을 가진 강한 군사가 되면 이단이 교회에 침투하는 것을 방지하고, 침투했을지라도 영향력을 최소화 할 수 있다. 평택대광교회에서 실시하는 중소도시 교회 제자훈련 지도자 세미나에 참석한 어느 목회자는 세미나를 마친 후 "제자훈련으로 교회를 확고하게 세웠더라면 신천지로 인해 교회가 갈라지는 아픔을 겪지 않았을 것이다"라고 말하며 앞으로 제자훈련에 최선을 다할 것이라고 결의를 다지기도 했다. 훈련을 통해 성도들을 강한 군사로 무장시키는 것이야말로 이단으로부터 교회를 지키고 건강한 교회를 유지하는 가장 확실한 처방전임을 밝혀두고 싶다.

내부적인 도전

교회가 어려움에 처하는 이유는 외부보다는 내부의 어려움 때문에 심각한 갈등과 함께 분열되고, 더 나아가 외부의 저항과 핍박을 자초하는 경우가 많다. 이런 문제 또한 제자 삼는 일은 등한히 하고, 몸집을 불리고 커진 외형에 만족한 결과라고 할 수 있을 것이다.

교회는 본질적인 사역을 방해하는 거센 도전과 장애물을 극복해야 한다. 특히 내부적인 방해를 극복하지 않고는 세상을 변화시킬 수 없다. 교회가 이 땅에 세워진 이후 끊임없이 문제가 대두되어 왔다.

1) 리더십에 대한 도전

교회 안에서 신앙을 세워주는 자들은 영적인 지도자이다. 영적 지도자 없는 모임은 자기들끼리 결속력 있고 자율성을 가진 것 같으나 잘못된 곳으로 빠지기 시작하면 제어할 수 없게 된다.

한 자매가 밤마다 기도하고 싶은 생각이 들었다. 주변의 몇 자매와 함께 모여 밤마다 기도하기 시작했다. 처음에는 좋은 결과를 얻는 것 같았다. 그러나 얼마가지 않아 기도하는 시간보다 대화하는 시간이 많아졌다. 영적으로 유익을 주지 못하는 대화가 문제였다. 이 사람 저 사람을 대화의 주제로 삼아 험담과 비판을 하게 된 것이다. 그 자리에 함께한 한 자매는 성도들에게 이런 문제들이 있다면 그런 교회에 다녀서 무엇 하겠느냐는 생각이 들어 교회에 발을 끊었다. 기도 모임에 참가한 다른 자매들은 영적으로 좋지 못한 모습으로 자기들끼리의 신앙생활을 함으로써 교회에는 유익을 주지 못했다. 이들에게는 더 이상 영적 지도자가 필요 없게 된 것이다.

히브리서 13장 17절에서는 "너희를 인도하는 자들에게 순종하고 복종하라 그들은 너희 영혼을 위하여 경성하기를 자신들이 청산할 자인 것같이 하느니라 그들로 하여금 즐거움으로 이것을 하게 하고 근심으로 하게 하지 말라 그렇지 않으면 너희에게 유익이 없느니라"고 말씀한다. 사탄의 주된 목적은 이 말씀을 성도가 적용하지 못하게 하는 것이다.

교회 안에서 가장 안타까운 문제 중 하나가 성도끼리 맺힌 것을 품고 신앙생활 할 때이다. 이런 경우 영적인 성숙에 가장 큰 걸림돌이 된다. 형제를 미워하면 어두움에 거하게 되기 때문이다.

요한일서 2장 11절에서 이 사실을 잘 말씀하고 있다. "그의 형제를 미워하는 자는 어둠에 있고 또 어둠에 행하며 갈 곳을 알지 못하나니 이는 그 어둠이 그의 눈을 멀게 하였음이라." 미움은 분별력을 빼앗아간다. 그래서 사탄의 가장 쉬운 표적이 될 수 있다. 그러므로 교회 지도자를 미워한다고 가정하면 어떤 결과가 올지 짐작해 볼 수 있다. 교회 내에서 지도자와 맺힌 것을 품은 상태로 신앙생활을 한다면 영적인 성숙을 기대할 수 없다. 그리고 맺힌 것을 품은 상태로 다른 교회로 옮긴다고 해도 그 맺힌 것 때문에 역시 지도자와 거리를 두고 신앙생활을 하게 되어 영적으로 좋은 열매를 기대할 수 없다.

맺힌 것은 반드시 풀어야 한다. 풀지 않으면 그 영향을 오랫동안 받을 수 있다. 교회를 옮기거나 지역을 옮겼다고 해서 모든 것이 끝났다고 생각해서는 안 된다. 살아 계신 하나님의 눈을 피할 수는 없기 때문이다. 더욱이 교회 지도자와의 관계가 하나님께서 세우신 리더십에 대한 도전으로까지 발전한다면 복음 전파에 까지 악영향을 끼칠 수 있다. 그러므로 이것은 반드시 피해야 할 일이다.

하나님께서 주신 지위에 감사하지 못하고 명예욕에 사로잡힐 때, 주님이 세우신 공동체를 나누고 파괴시키는 결과를 가져온다. 이스라엘 백성이 광야에서 예배드리던 광야 교회 시절에는 고라가 반기를 들었다. 고라는 모세와 아론의 사촌으로(출 6:21, 24) 백성의 신앙 교육과 성막 봉사를 담당한 레위인이다. 그는 자신도 지도자로서의 자격이 충분하다고 생각하여 반기를 들었으나 그를 기다린 것은 파멸이었다. 고라가 맡은 성막 봉사가 영광의 자리임을 망각하고 지도자의 자리를 탐한 결과 하나님은 준엄한 심판을 내리셨다. 땅이 갈라져 고라 일당을 삼켜버린 것이다(민 16:31-35).

고라에게 동조한 자는 생각보다 많았다. 고된 광야 생활에 대한 불만을 가진 자나 자신이 소외되었다고 생각한 자들이 고라의 편에 서서 파멸을 자초하고 만 것이다. 불만과 감사 없이 신앙생활 하는 자는 언제든지 파멸로 빠질 수 있다. 하나님께서 주신 직분에 만족하며 최선을 다하는 것이야말로 지혜다. 고라의 일로 죽은 자가 일만사천칠백 명이나 되었다는 것은 참으로 비극적 사건이 아닐 수 없다.

크고 작은 도전은 구약시대에도 있었다. 미리암과 아론이 모세를 비방하는 사건이 생겼다(민 12:1-12). 구스 여인을 아내로 취한 모세를 비방한 미리암이 문둥병에 걸렸다. 하나님은 모세에 대한 비방을 모세에게 권위를 준 자신에 대한 도전으로 보셨다. 하나님은 아론과 미리암의 비방을 징벌하심으로써 모세에 대한 적극적인 변호와 신뢰를 보여 주셨다. 하나님께서 세우신 지도자에 대한 비난은 결국 하나님께서 세우신 공동체를 허무는 결과를 가져온다. 하나님께서는 이런 비방을 모른 척 하지 않으셨다.

다윗 왕국을 무너뜨리기 위한 시도에 대해서도 하나님은 단호하게 응징하셨다. 결국 아들 압살롬과 시므이 등은 비참한 종말을 맞았다.

교회 지도자들을 세상의 기준과 인간적인 조건으로 평가하는 것은 결국 파당과 교회 분열을 초래할 수 있다. 그래서 사도 바울도 세상적인 기준과 인간적인 판단으로 교회 지도자들을 평가해서는 안 된다고 했다(고전 4:1, 3-4). 지도자에 대한 평가는 심판자이신 하나님께 맡겨야 하고 단지 '그리스도의 일꾼', '하나님의 비밀을 맡은 자'로 여기라고 했다. 그 대신 교회 지도자들은 더욱 사명에 충성하는 자가 되어야 한다고 강조했다(고전 4:2). 교회 지도자의 지도력을 훼손시키는 것은 교회가 제 역할을 감당하지 못하도록 방해하는 것이다.

2) 분열

초대교회의 아나니아와 삽비라는 세상적인 방법인 거짓으로 영광을 차지하려다가 하나님의 심판을 받았다. 디오드레베(요삼 1:9-10)는 으뜸 되기를 좋아하고, 자신의 마음에 맞지 않는 사람은 악한 말로 폄론하며, 섬기는 사람들을 쫓아내는 등 분열과 당 짓기를 일삼은 결과 최악의 교회 모델로 남게 되었다.

교회를 우습게 여기고 도전과 분열을 일삼는 자는 하나님의 최대 계획인 구속 사역에 대한 방해자로 기록될 것이다. 교회의 분열을 일삼는 자들은 하나님의 공의나 복음 전파를 위해 일하지 않는다. 자신들이 으뜸 되기를 원한다. 으뜸 된 자로 인정받지 못하면 섭섭함과 분노로 교인들을 선동하고 분열시키는 데 앞장선다.

교회의 권세가 내부의 방해자들로 도전은 받지만 결국에는 그리스도의 몸인 교회가 승리한다. 하나님은 교회 내의 교만한 자를 방치하지 않으신다. 교만한 자에게는 하나님께서 직접 대적하시기 때문이다. 베드로전서 5장 5절에 보면 "젊은 자들아 이와 같이 장로들에게 순종하고 다 서로 겸손으로 허리를 동이라 하나님이 교만한 자를 대적하시되 겸손한 자들에게는 은혜를 주시느니라"라고 말씀한다. '대적하다' 라는 헬라어 '안티탓세타이'는 군사용어로 하나님께서 직접 파멸시킬 것을 경고하신 것이다. 이와 반대로 겸손한 자에게는 하나님께서 은혜를 주신다고 했다. 하나님은 겸손한 자들을 통해 견고한 교회를 세우신다. 사탄은 교만한 자들을 통해 교회를 무력하게 만들려고 시도하지만 결국은 처참하게 패배하고 말 것이다.

우리가 자주 부르는 "시온성과 같은 교회 그의 영광 한없다. 허락하신 말씀대로 주가 친히 세웠다. 반석 위에 세운 교회 흔들 자가 누구랴 모든 원수 에워싸도 아무 근심 없도다" 라는 찬송은 우리에게 교회의 승리에 대한 확신을 준다. 더불어 주님의 몸 된 교회에 대한 고백이 우리의 입술을 통해 항상 흘러 넘쳐야 한다. "내 주의 나라와 주 계신 성전과 피 흘려 사신 교회를 늘 사랑 합니다. 내 주의 교회는 천성과 같아서 눈동자 같이 아끼사 늘 보호 하시네." 그렇다. 주님의 몸 된 교회, 권세 있는 공동체 교회를 진정으로 사랑하자.

3) 영혼 실족

교회의 권세에 대한 도전 중 하나가 영혼을 실족시키는 일이다. 영혼을 구원해야 할 교회가 영혼을 실족시킬 수 있다는 것이다. 오래된 직분자들 가운데 당 짓기와 교회 분열 등을 일삼는 자들은 이제 막 믿음의 문턱에 들어선 새신자들의 믿음을 쉽게 흔들어 놓는다. 교회에는 명목상의 교인들도 존재한다. 이들은 인격적으로 주님을 영접하지 못한 자일 수도 있다. 이런 자들이 직분자가 되면 섬김보다 군림하는 자세를 드러내며 시기와 미움으로 당 짓기를 일삼고 급기야 교회를 혼란에 빠뜨려 영혼을 실족시키는 주역들이 된다.

그러므로 교회가 가장 본질적인 복음에 대해 바르게 가르쳐야 한다. 예수님에 대한 구원의 감격이 없는 자들이 교회 안에서 리더가 된다면 이들은 세상의 방법으로 교회를 이끌어 갈 것이고 한 영혼에 생명을 거신 예수님의 뜻은 그 의미가 퇴색될 것이다. 자신들의 이익을 위해 자리다툼과 영역 지키기, 그리고 편가르기로 시간을 보낼 것이다. 그리하여 교회에 나오는 영혼들이 예수님을 만나기도 전에 인간적인 모습을 보고 배워 변질된 교인이 되거나 아예 교회를 혐오하여 교회를 멀리하게 될 것이다.

어느 교회에서 있었던 일이다. 한 형제가 아버지를 전도하기 위해 오랫동안 기도하고 드디어 교회로 인도했다. 참으로 기쁘고 가슴 뿌듯한 주일이었다. 그런데 목사의 설교 후 광고 시간에 목사와 대립하던 장로가 목사를 비난했다. 그날 이후 그의 아버지는 더 이상 교회에 나가지 않았다. 아버지의 영혼을 실족시킨 책임은 아무도 지지 않았다. 천국 가는 문을 막는 사람들에 대한 예수님의 책망을 귀담아 들어야 한다.

"화 있을진저 외식하는 서기관들과 바리새인들이여 너희는 교인 한 사람을 얻기 위하여 바다와 육지를 두루 다니다가 생기면 너희보다 배나 더 지옥 자식이 되게 하는도다"(마 23:15).

영혼을 실족시키는 것은 주님에 대한 도전이다. 영혼 구원을 위해 이 땅에 오신 예수님의 사역을 적극적으로 방해하는 것이 된다. 예수님은 영혼을 실족시키는 자를 결코 용납할 수 없다고 말씀하신다. 차라리 없어지는 것이 낫다고 까지 말하신다. "그가 이 작은 자 중의 하나를 실족하게 할진대 차라리 연자맷돌을 그 목에 매여 바다에 던져지는 것이 나으리라"(눅 17:2). 연자맷돌은 한 가운데 구멍을 뚫은 맷돌의 윗돌로 고대 그리스와 로마에서는 극악무도한 범죄자에게 실제로 연자맷돌을 목에 매어 바다에 빠뜨리는 사형법이 있었다고 한다. 이런 형벌은 주로 공공의 안녕과 질서를 해친 자들에게 내려졌다. 즉, 사람을 실족시키는 것보다는 차라리 생명을 버리는 것이 낫다고 말씀하신 것이다.

복음 전파에 생명을 바쳤던 사도 바울은 자신의 부주의로 한 영혼이라도 실족하지 않도록 세심하게 행동했다. 만일 자신이 먹는 음식으로 인해 형제가 실족하게 된다면 자신은 영원히 그 음식을 먹지 않겠다고까지 말했다. 이처럼 영혼을 실족시키는 일은 성도들이 결단코 해서는 안 되는 금기 사항인 것이다. "그러므로 만일 음식이 내 형제로 실족하게 한다면 나는 영원히 고기를 먹지 아니하여 내 형제를 실족하지 않게 하리라"(고전 8:13).

성도가 교회의 머리 되신 주님 앞에 온전히 순종하고 주님의 마음을 가진다면 영혼을 살리는 교회의 역할을 잘 감당할 수 있을 것이다.

4) 어설픈 리더

 사탄은 교인들이 병들도록 다양하게 공격한다. 권세 있는 교회로서의 역할을 감당하지 못하게 하는 여러 요인 중에 하나는 병든 교인들이다. 교회 내 잘못된 신앙관을 가진 리더가 있으면 그 영향은 급속도록 번지게 된다. 잘못된 사상과 가르침은 오랫동안 아니 어쩌면 이 땅에 사는 동안 내내 영향을 끼칠 수도 있다. 한 영혼을 실족시키기도 하고, 주님과 격리시켜서 교회 공동체의 일원으로 적응하지 못하게 만들 수도 있다. 그러므로 자신의 지식이나 경험 또는 자신이 누릴 유익의 관점에서 권면하거나 가르치는 것처럼 위험한 것은 없다.

 어떤 자매가 예수님을 믿고 감격과 기쁨으로 신앙생활을 하였다. 가정에서 당한 상처와 아픔을 치유해 주신 주님의 은혜 때문에 열심히 신앙생활을 했다. 남편은 아내가 한 주일에 한 번 정도 교회 가는 것을 원했다. 그러나 아내가 새벽예배와 교회 내의 훈련에까지 참여하자 남편은 도무지 이해할 수 없었다. 어느 날 교회에 다니면서 지도자적인 위치에 있는 다른 형제에게 하소연했다. 아내의 열심은 교회가 잘못 가르쳤기 때문이 아니냐고 따졌다. 그때 그 지도자적인 위치에 있던 형제는 너무나 잘못된 답변을 하고 말았다. "아내의 열심에는 교회도 책임이 있다"고 말한 것이다. 이 일 후 남편은 교회가 잘못되었다는 생각을 마음 속 깊이 새기고 교회에 발을 끊고 말았다. 만약 그때 그 지도자가 오히려 "자매가 예수님 믿고 열심히 신앙생활 하며 변화된 것이 얼마나 좋으냐"고 말했다면 남편은 다른 반응을 보였을 것이다.

이런 예는 참으로 많다. 오랜 신앙생활로 리더의 위치에 있는 한 형제가 새롭게 예수 믿은 형제에게 "엄밀하게 말하면 십일조는 구약시대의 명령으로 오늘날은 하지 않아도 된다"고 말함으로써, 이 말을 들은 형제가 십일조를 통해 누리는 축복을 누리지 못하고 십일조에 대해 비판적인 생각을 가지게 된 경우도 있다.

하나님의 말씀이 아닌 인간 중심적인 가르침을 받거나, 비뚤어진 사상과 비판적이고 부정적인 경향을 가진 어설픈 리더의 가르침을 통해 병드는 교인들이 의외로 많다. 이들은 교회 생활에 적응하지 못하고 이 교회 저 교회 옮겨 다니며 자신의 영적인 악성 바이러스를 퍼뜨려 교회를 병들게 한다. 영적으로 병이 들면 자신의 문제는 보지 못하고 남의 티를 더 잘 보게 된다. 그러나 남의 티를 보며 비판 잘하는 사람일수록 그 눈 속에 '들보'가 있다고 예수님은 날카롭게 지적하셨다.

자라면서 받은 상처, 자기중심적인 성격, 환경적인 영향으로 잘못 형성된 사고와 습관들을 하나님의 말씀을 통해 고치지 않으면 자신도 모르게 주님께서 피로 값 주고 세우신 교회를 병들게 하는 장본인이 될 수 있다. 이런 문제를 해결하기 위해서 교회는 올바른 훈련을 통해 리더를 세워야 한다. 그리고 하나님 말씀을 통해 하나님을 경험하도록 도와야 한다.

오늘날은 지식이 없어서 사람이 변하지 않는 것이 아니다. 홍수같이 쏟아져 나오는 서적과 인터넷의 정보가 오히려 바른 신앙생활을 하는 데 방해요소가 된다. 그러므로 예배에 잘 참석하고, 교회에서 실시하는 훈련에 잘 참석하고, 매일 경건의 생활을 통해 하나님께서 주시는 지혜를 구할 때, 권세 있는 교회의 건강한 지체가 될 수 있다.

3. 권세 있는 초대교회

3. 권세 있는 초대교회

하나님은 교회가 타락한 세상 쪽으로 기울지 않고 교회의 본질을 유지하도록 하기 위해 예수님의 모범을 따르도록 하셨다. 그리고 말씀으로 교훈하시고 권면하셨다. 특히 초대교회를 통해 교회가 진정한 소명을 감당하려면 어떤 자세를 유지해야 하는지 말씀하셨다. 이런 점에서 사도행전 2장 42-47절은 교회에 대한 모범적인 방향을 제시해 준다고 볼 수 있다. 특히 사도행전 2장은 초대교회가 태동하는 모습을 보여 주는데, 그 내용은 한편의 드라마처럼 극적인 사건으로 전개되고 있다.

성령이 임하신 후에 도시 사람은 놀라고(2:6-7), 새 술에 취했다고 조롱하는 사람도 있었고(2:12-13), 베드로는 오순절 설교를 통해 메시아에 대해 전했고(2:14-36), 사람들은 마음에 찔림을 받아 "어찌할꼬"라고 물었고(2:37), 회개하여 그리스도의 이름으로 세례를 받고 제자가 되었다(2:38-40).

이 사건이 있고 나서야 부르심을 받은 교회의 모습이 보이기 시작했다. 비로소 초대 예루살렘 교회가 탄생한 것이다. 예루살렘 교회는 모든 교회가 배워야 할 모델이라고 할 수 있다. 사도행전 2장 42-47절에 나타난 초대교회의 특징에 대해 살펴보자.

"그들이 사도의 가르침을 받아 서로 교제하고 떡을 떼며 오로지 기도하기를 힘쓰니라 사람마다 두려워하는데 사도들로 말미암아 기사와 표적이 많이 나타나니 믿는 사람이 다 함께 있어 모든 물건을 서로 통용하고 또 재산과 소유를 팔아 각 사람의 필요를 따라 나눠 주며 날마다 마음을 같이하여 성전에 모이기를 힘쓰고 집에서 떡을 떼며 기쁨과 순전한 마음으로 음식을 먹고 하나님을 찬미하며 또 온 백성에게 칭송을 받으니 주께서 구원받는 사람을 날마다 더하게 하시니라"(행 2:42-47).

사도의 가르침

사도의 가르침에서 핵심 내용은 하나님의 약속의 성취이신 그리스도였다. 십자가에 못 박히신 예수님이 살아나셨다는 것이다. 제자들은 진리를 가르쳤다. 자크 엘룰(Jacques Ellul)은 『뒤틀려진 기독교』에서 그리스도 안의 진리는 다음과 같다고 했다. 첫째, 하나님의 계시와 일하심이 예수 그리스도 안에서 성취된 것. 둘째, 교회가 그리스도의 몸인 것. 셋째, 그리스도인의 신앙과 삶이 진리와 사랑으로 드러나는 것이라고 했다.

그 당시 사도들의 가르침은 권세 있는 가르침이었다. 그들이 전하는 하나님의 말씀은 그 자체로 권위를 가졌기에 말씀을 듣는 성도가 변화되기 시작했다. 사도들의 가르침에 순복한 것이다.

오늘날은 너무 많은 이론과 지식이 사람을 혼란스럽게 만들어 하나님 말씀의 권위를 약화시키고 있다. 정치적인 권세, 경제적인 논리, 과학적인 방법, 문화적인 유행이 그 역할을 대신한다. 교회의 비전과 목표가 주변 사람의 요구나 문화적인 흐름에 부응하여 결정되어선 안 된다. 하나님 말씀에서부터 시작되어야 한다.

오늘날 인터넷과 TV, 영화, 잘못된 서적 등은 교회의 가르침을 무너뜨릴 수 있는 위험성을 내포하고 있다. 또한 하나님 말씀의 권위를 목사가 무너뜨릴 수도 있다. 사상이나 시대의 흐름을 좇아가는 목회자는 방송국의 논설위원 정도밖에 되지 못한다. 목회자는 하나님의 말씀을 가르치고 하나님의 말씀 앞에 무릎을 꿇어야 한다. 하나님의 말씀은 살아 있을 뿐 아니라 계속 운동하고 있다. 이는 사람을 온전케 하므로 하나님의 말씀 앞에서 주인공은 바로 자신이어야 한다. 절대 삼자가 되거나 방관자가 되어서는 안 된다.

사무엘과 같은 자세가 필요하다는 말이다. "여호와께서 임하여 서서 전과 같이 사무엘아 사무엘아 부르시는지라 사무엘이 이르되 말씀하옵소서 주의 종이 듣겠나이다"(삼상 3:10). 목회자가 하나님 말씀의 능력을 먼저 인정하고 행할 때 그의 가르침을 받는 성도가 변하며, 교회도 권세를 가진 교회로서 제 역할을 감당한다.

특히 소그룹 시간에 하나님 말씀의 능력을 경험할 때가 많다. 귀납적인 소그룹은 풍성하게 차려진 영혼의 밥상과 같다. 하나님 말씀을 잘 받아먹는 순원이 있는가 하면, 마음을 닫고 풍성한 밥상을 거부하는 순원도 있다. 옛날 어떤 아버지들은 식사 중 밥상을 엎거나 팽개쳐서 가족들을 분노와 두려움에 빠지게 하기도 했다. 이처럼 사탄은 우리가 영적인 양식인 하나님의 말씀 먹는 것을 그저 바라보고만 있지는 않는다. 어떻게 해서든 분위기를 흐려 다른 사람의 영적인 입맛을 떨어뜨리거나, 영혼의 밥상을 엎으려고 시도한다.

사탄은 지도자를 이용하거나 오래된 직분자, 믿음이 약한 자, 시험에 든 자, 부정적인 마음을 가진 자 등을 이용한다.

소그룹에 참여하는 사람은 이 점에 유의해서 하나님이 정성껏 준비하신 영적 밥상을 잘 먹어야 한다. 놀라운 사실은 하나님 말씀을 사모하여 마음의 문을 열고 말씀을 받아먹으면 치유와 회복을 경험하고 문제가 해결되고 영적으로 성숙해진다는 것이다.

그러나 하나님의 말씀 앞에서 허물 없는 자처럼 행동하고 자신의 의를 자랑하는 자는 영적인 성숙과 변화를 기대하기 어렵다. 하나님은 말씀을 배우는 자리에는 언제나 그 자리에 꼭 필요한 영양분이 골고루 섞인 풍성한 밥상을 차려 주신다. 문제는 우리 자신의 마음 자세다. 간절히 사모하는 마음을 가지고 나간다면 누구나 풍성한 은혜를 누리게 될 것이다.

교제

여기서 교제는 '코이노니아'로 그 어원은 '공유함'을 나타낸다. 초대교회 성도들은 그리스도의 몸 된 지체로서 교제하므로 희생적인 사랑과 봉사가 따라다녔다. 또한 그들의 교제에는 질서와 품위가 있었다. 그들은 '사도의 가르침을 받아' 교제했다. 하나님 말씀의 가르침에 따라 교제한 그들은 교제 가운데 주님께서 함께하심을 기억하려고 노력했을 것이다.

한 영혼이 회개하고 주님께 돌아오는 것 못지않게 중요한 것이 바로 교제다. 교제의 질은 공동체의 영적인 성향을 결정한다. 교회 내에서 이루어지는 교제는 서로의 필요를 채워 주고, 서로의 짐을 나누어 지며, 서로를 세워 주는 주 안에서의 교제여야 한다.

잘못된 교제를 한다면 오히려 많은 것을 잃을 수도 있다. 교제를 잘못하면 하나님과 멀어지게 되고 어떤 경우 실족하게 된다. 예수님께서 바리새인들과 서기관들을 심하게 책망하신 것도 교제의 중요성을 강조하신 것이라고 할 수 있다.

"화 있을진저 외식하는 서기관들과 바리새인들이여 너희는 교인 한 사람을 얻기 위하여 바다와 육지를 두루 다니다가 생기면 너희보다 배나 더 지옥 자식이 되게 하는도다"(마 23:15).

잘못된 교제로 신앙이 성장하지 않거나, 사역을 외면한 채 주변인이 되거나, 아예 교회를 떠나는 경우도 종종 보게 된다. 또한 예수님을 믿고 감격과 은혜 가운데 거하다가 잘못된 교제로 영적인 상태가 차갑게 얼어붙는 경우도 있다.

이와 반대로 믿음의 사람과 교제하면 영적으로 큰 유익을 얻게 된다. 기도의 사람과 교제하면 기도를 배우고, 큐티의 능력을 경험하는 사람과 교제하면 큐티하는 사람이 되고, 전도의 열정을 가진 사람과 교제하면 전도의 열정을 가지게 된다.

결국 교제는 영적으로 유익을 줄 수도 있고, 교인들을 혼란에 빠뜨려 주님과 멀어지게 할 수도 있다. 특히 교제를 통해 잘못 그려진 영적인 그림을 평생 마음에 담고 비뚤어진 신앙생활을 할 수도 있다. 그러므로 말씀의 가르침을 받아 말씀 안에서 교제하고, 교제를 위해 기도하고, 성령님의 인도하심을 받는 교제가 되도록 해야 한다.

제임스 패커는 저서『교제』에서 교제의 중요성을 은혜의 수단, 삶의 시금석, 하나님의 은사라고 말한다.

"교제를 통해 영혼이 소생하고 성장하게 되고 거룩한 지식을 더 알게 된다. 또한 고난으로부터 승리하게 되고 서로 기도를 부탁하므로 서로를 세워 주고 문제를 해결해 나간다. 진정한 교제는 서로의 마음을 열어 보이므로 자신의 생애에 하나님의 빛이 들어오도록 하는 삶의 시금석이 된다. 또한 성령이 역사하는 곳에 영적으로 소생함을 입고 은혜 가운데 자라서 다른 사람을 도울 수 있는 능력이 배양되므로 교제를 하나님의 은사라고 하며, 교제하기를 원할 때 성령님께 기도하는 마음으로 의존해야 한다."

덧붙여 제임스 패커는 교제를 방해하는 요소로 네 가지를 지적한다. 첫 번째, 자기만족을 추구하는 것으로, 이런 사람은 상호간에 영적인 만족을 얻으려고 하지 않고 자기만족으로 도도하게 군다는 것이다. 두 번째, 형식주의로 친교를 엄밀한 진행과 정확한 절차 가운데서 찾으려 하고 다른 어떤 친밀한 것은 좋아하지 않는다는 것이다. 세 번째, 적대감을 나타낼 때 사용되는 잔인함이다. 잔인함은 상처 입은 자만심과 원한, 학대, 배신감 등으로 말미암아 다른 사람의 재능과 지위, 성공을 시기하여 논쟁이나 부정함, 험담 등으로 나타난다. 그러나 진정한 교제는 다른 사람을 나보다 낫게 여기는 데 있다. 네 번째, 엘리트 의식으로 이는 우월감과 배타성으로 형성되는데 결국 파당을 조장하여 진정한 교제와는 반대되는 사탄의 모조품이다.

말씀의 가르침을 받은 교제는 성도에게 하나님을 깊이 알게 하고, 교회의 지체로서 희생적인 사랑으로 서로의 짐을 지게 한다. 건강한 교제는 교회가 교회 되도록 하는 매우 중요한 요인일 뿐 아니라 개인적으로 영적 성숙과 삶의 조화를 이루어 가게 한다.

떡을 뗌

히브리서 3장 1절에서는 "그러므로 함께 하늘의 부르심을 받은 거룩한 형제들아 우리가 믿는 도리의 사도이시며 대제사장이신 예수를 깊이 생각하라"고 말씀한다. 예수님을 깊이 생각하는 것은 부르심을 입은 성도의 당연한 이치다. 초대교회 성도는 떡을 뗄 때마다 예수님을 깊이 생각했다. 그리고 생명의 떡이라고 하신 주님의 말씀 안에서 살겠다는 각오를 늘 새롭게 했다.

떡을 뗀다는 것은 성찬식을 의미한다. 우리의 죄를 위해 십자가에서 돌아가신 주님의 사랑을 깊이 생각하는 것이다. 예수님은 초대교회 성도에게 존재의 이유였다. 믿음은 주님과의 동행으로 나타나야 하는데, '동행' 하면 에녹을 빼놓을 수 없다. 에녹은 3백 년간 하나님과 동행했다. "에녹은 육십오 세에 므두셀라를 낳았고 므두셀라를 낳은 후 삼백 년을 하나님과 동행하며 자녀들을 낳았으며 그는 삼백육십오 세를 살았더라"(창 5:21-23).

하나님은 3백 년간 동행한 에녹을 죽음 없이 데려가심으로써 하나님과 동행하는 신앙을 얼마나 기뻐하시는지 보여 주셨다. 성도가 언제 어디서나 주님을 깊이 생각하며 동행하는 삶을 산다면 이 세상에서 빛과 소금의 역할을 감당할 수 있을 것이다.

초대교회 성도는 성찬식에 참여할 때마다 주님의 사랑과 함께 다른 지체를 향한 사랑과 형제의식을 키워 나갔을 것이다. 함께 떡을 떼는 것으로서 계층이나 출신 지역, 민족에 대한 편견을 극복하고 그리스도 안에서 하나 됨을 확인하면서 예수님의 십자가 고난에 대한 깊은 감사와 함께 십자가를 지고 고난당할 각오까지 했을 것이다. 다시 말해 지체의식을 가짐으로써 주님이 주신 비전을 이루기 위해 동역자가 되기로 한 것이다.

또한 성찬식은 성도 각 개인의 욕망을 죽이는 시간이 되었을 것이다. 자기 자랑, 개인적인 야망, 자신의 편견을 죽여 그리스도의 몸인 교회의 지체로서 겸손과 온유함, 오래 참음으로 하나 되는 모습으로 점차 바뀌어 갔을 것이다. 성도들은 매일 죽는 연습을 해야 한다. 사도 바울의 고백처럼 말이다. "형제들아 내가 그리스도 예수 우리 주 안에서 가진 바 너희에 대한 나의 자랑을 두고 단언하노니 나는 날마다 죽노라"(고전 15:31).

초대교회 성도는 떡을 떼는 성찬을 통해 이 세상에 예수님을 보내 주신 하나님께 감사와 찬양을 드렸고, 이는 그들의 믿음을 더욱 굳건히 해주었다. 떡을 뗀다는 것은 단지 의식으로서의 성찬식이 아니었다. 십자가에서 죽으시고 부활하신 주님의 은혜에 대한 감사의 시간이요, 주님께 섬김과 헌신을 결단하는 시간이요, 축제의 시간이었던 것이다.

기도에 힘씀

초대교회는 기도하는 일에 전심전력을 다했다. 특별한 기간에 하는 일시적인 기도가 아니라 지속적으로 기도했다. 기도에 힘쓴 것은 모든 일을 주님의 도우심 가운데 하겠다는 철저한 믿음이었다. 믿음의 기도를 통해 사역을 공격적으로 할 수 있고, 사탄의 공격을 효과적으로 방어할 수 있다.

사도 바울은 "쉬지 말고 기도하라"(살전 5:17)고 하면서 기도의 중요성을 강조했다. 릭 워렌은 『목적이 이끄는 삶』에서 데살로니가전서 5장 17절과 연관해서 로렌스 형제의 하나님의 임재와 숨기도에 대해 말한다. 로렌스 형제는 어려운 말을 사용한 긴 기도를 하려고 노력하기보다는 짧은 대화와 같은 기도를 했는데, 집중력을 유지하기 위해서는 길고 어려운 단어를 사용하지 말라고 했다.

놀라운 것은 많은 성도들이 몇 세기 동안 이 방법을 사용해 왔다는 것이다. 숨기도는 단번에 이야기할 수 있는 짧은 문장이나 간단한 구절을 선택하여 기도하는 것으로, 매 순간 다가

오는 사탄의 유혹과 공격을 뿌리치고 하나님과 지속적인 교제의 삶을 살게 한다. 실제로 내 속에서 일어나는 변화에 대해 방어하고 대처하면서 살아가므로 언제나 하나님이 기뻐하시는 삶을 살 수 있다. 예를 들어 "하나님, 분노하지 않도록 도와주십시오", "하나님을 의지합니다", "하나님, 지혜를 주십시오" 등과 같은 기도다.

기사와 표적

교회는 하나님의 개입하심을 드러내야 한다. 교회가 세상 사람의 마음을 빼앗는 참신한 프로그램이나 신기술을 도입하여 좋은 교회라는 것을 드러내고자 초대교회의 기사와 표적을 옛이야기로 취급해서는 안 된다.

하나님은 오늘도 여전히 교회를 통해 기사와 표적이 일어나기를 원하신다. 그런데 기사와 표적에 대해 회의적인 생각을 갖거나, 자기에게 주신 은사와는 거리가 멀다고 생각할 때가 있다. 또한 기사와 표적 자체가 교회의 존재 목적인 것처럼 착각하는 경우도 있다.

표적이라는 단어가 가장 많이 등장하는 요한복음은 표적을 통해 예수님이 누구인지 믿게 하려는 목적이 있었다. 단지 개인의 요구만 만족시켜 주는 관점에서 표적이나 이적에 접근한다면 주님의 생각과는 거리가 멀다.

초대교회 사도들의 담대한 말씀 선포와 기사와 표적은 서로 밀접한 관계가 있다. 하나님 말씀에 대한 확신은 살아 계신 하나님에 대한 확신이 없다면 불가능하다. 하나님 말씀이 살아 역사하는 교회는 기사와 표적을 보게 된다.

신학자이자 저술가로 유명한 마르바 던(Marva J.Dawn)은 저서『세상 권세와 하나님의 교회』에서 다음과 같은 의미 있는 지적을 했다.

"교회가 표적과 기사를 잃어버림으로써 생겨난 또 다른 결과도 언급해야 한다. 그것은 말씀 선포에서 확신을 잃어버린 것이다. 우리가 사는 세상은 자신을 만들어 내는 화려한 구경거리에 더 흥미를 느낀다. 그러므로 오늘날 어떤 곳에서는 '진리의 말씀을 옳게 분별하는'(딤후 2:15) 일을 초점으로 삼는 교회와 목사를 찾기가 어렵다. 많은 설교자들이 점점 바울이 고린도서를 쓸 당시 고린도에서 인기를 끌었던 대중연설과 비슷한 것으로 방향을 돌리는 것 같다."

평택대광교회가 지난 20년간 누린 은혜는 다양하다. 그런데 아직도 교회를 소개하는 세련된 팸플릿조차 없다. 그리고 무슨 행사를 해도 거창하게 알리거나 광고하지도 않았다. 조용하게 치른다. 사람의 호기심을 자극하는 프로그램이나 시대 문명과 발맞춰 나가는 앞선 테크닉을 사용할 줄 모른다. 그러나 하나님의 일하심을 고백하는 성도가 참으로 많다. 개인의 삶이 변하고, 가정이 회복되고, 육체적인 병이 치유되기도 했다. 그런데 더 큰 표적은 변화된 성도가 세상으로 나가서 그리스도인답다는 말을 듣고 가족과 이웃, 동료들을 주님께로 인도한다는 것이다.

나는 하나님의 임재하심과 그분의 능력을 믿는다. 살아 역사하시는 하나님 말씀의 능력을 믿는다. 성령의 역사도 믿는다. 지난 20년간 제자훈련을 통해 받은 은혜가 바로 하나님이 보여 주신 표적이라고 믿는다.

유무상통

초대교회에서 나타나는 놀라운 일 중에 하나가 필요한 물건을 서로 공유한 것이다. 교회 공동체의 유익을 위해서는 언제든지 내놓을 준비가 되어 있었다. 이는 참으로 놀라운 일이 아닐 수 없다.

교회 안에서 물질 때문에 여러 가지 사건이 일어난다. 좋앗던 관계가 물질 문제로 갈라서는 경우도 허다하다. 예수님도 건강한 교회 공동체를 이루어 가는 데 가장 큰 방해물이 물질이라는 사실을 아셨다. 그래서 하나님과 재물을 겸하여 섬길 수 없다고 말씀하셨다.

지체들이 서로를 돌아보고 물질로 섬길 때 교회는 사랑의 공동체로 세워져 나갈 것이다. 그러나 이는 돈거래와 분명히 다르다는 점을 명심해야 한다. 교회 안에서 성도 간의 돈거래가 영적인 성숙까지 가로막는 경우를 종종 보게 된다.

한 자매가 다른 자매로부터 큰돈을 빌려 달라고 부탁받았다고 한다. 한동안 고민하며 기도하던 중 그 자매에게 빌려 줄 만큼 큰돈이 없으니 차라리 자신이 가진 것 중 얼마를 주겠다고 말한 후 송금해 주었다고 한다. 다른 남자 순장은 주식 투자를 권하는 순원의 부탁을 정중하게 거절했는데, 그 후 그 순원은 결국 다른 교회로 옮겨 갔다고 한다.

교회는 무엇보다 먼저 어려운 지체와 이웃을 향해 섬김과 나눔으로 그리스도의 사랑을 실천해야 한다. 평택대광교회는 어려운 이웃을 섬기는 '이웃 사랑 나눔회'가 있다. 이웃 사랑 나눔회는 쌀과 밑반찬, 김장 등으로 교회 내 어려운 지체들과 평택 지역의 소년소녀 가장, 독거노인, 생활보호대상자 등을 섬기고 있다. 교인들은 매주 생명의 쌀을 가져와서 이웃 사랑 나눔회의 섬김에 동참한다. 또한 평택 시내에 무료

급식소인 '아가페 하우스'를 열어 결식자와 어려운 이웃의 점심을 챙기고 있다.

세상 사람은 물질이 있어야 힘이 있다고 생각한다. 교회 안에도 물질의 힘으로 사람의 마음을 사려는 사람이 있다. 그러나 가장 큰 힘은 예수 그리스도의 그 크신 은혜에 감격하는 사랑을 품고 섬기며 사는 것이다. 그리스도의 사랑을 품고 살 때 교회가 섬김의 공동체로서 그 역할을 감당할 수 있다.

날마다 마음을 같이 함

성전에 모이기를 힘썼던 초대교회 성도는 공동체 의식을 가지게 되었다. 그리고 진정한 예배를 통해 하나님을 경배하며 주님의 지상명령을 위해 마음을 같이했다.

교회가 당하는 어려움은 마음을 같이하지 못하고 자신의 유익과 이해관계에 따라 움직이기 때문이다. 그리고 자신의 능력과 사회적 신분을 자랑하기 때문이다. 교회가 사회적으로 성공한 사람을 과대평가하고 그렇지 못한 사람을 과소평가하는 분위기는 사회적 신분과 영적 상태를 동일시하려는 경향으로 발전할 수 있다. 그리고 하나님 나라와 그의 의를 구하는 일보다 자신의 필요를 채우는 데만 관심을 갖게 할 수 있다. 이는 교회가 교회다운 사역을 하는 데 큰 방해 요소가 된다.

이 땅을 떠나시면서 예수님이 가장 염려하신 것 중에 하나가 바로 하나 되지 못하는 것이었다. 이 땅에서의 마지막 기도문이라고 할 수 있는 요한복음 17장에서 예수님은 하나 되게 해달라고 간절히 기도하셨다. 하나 되지 않고는 복음이 전파되지 않는다. 예수님도 "아버지께서 내 안에, 내가 아버지 안에 있는 것 같이 그들도 다 하나가 되어 우리 안에 있게 하사 세상으로 아버지께서 나를 보내신 것을 믿게 하옵소서"(요 17:21)라고 기도하셨다.

예수님은 이 땅에 계시면서 제자들이 공동체 의식과 형제애를 가지도록 하셨다. 그리고 주님의 마음을 품고 세상으로 나가 이 땅에 하나님 나라가 이루어지도록 복음을 전파하기 위해 생명까지 바쳐 헌신하도록 했다.

초대교회 성도들이 마음을 같이할 수 있었던 이유는 성전에 모이기를 힘썼기 때문이다. 그들은 모여서 말씀의 가르침을 받고 예배하고 기도했다. 복음의 열정으로 가득 찬 사도들의 가르침은 그들의 마음에 복음의 불을 지폈다. 그들이 떡을 떼면서 주님의 십자가 사랑을 깊이 새기고 은혜 가운데 거했을 때 자연스럽게 영혼에 대한 사랑과 공동체 의식을 가지게 되었다.

그 결과 풍성한 복음의 열매를 맺고 주님의 모습을 드러내는 아름다운 그리스도인의 삶을 살게 되었다. "하나님을 찬미하며 또 온 백성에게 칭송을 받으니 주께서 구원받는 사람을 날마다 더하게 하시니라"(행 2:47).

오늘날은 복잡한 사회구조와 환경이 모이기를 힘쓰지 못하도록 방해한다. 또한 사탄은 하나 되지 못하도록 끊임없이 이간질시키고 미워하도록 만든다. 그러나 성령은 성도가 하나 되기를 원하신다. 사도 바울의 서신 가운데는 하나 되기를 권면하는 내용이 참으로 많다. "서로 마음을 같이하며 높은 데 마음을 두지 말고 도리어 낮은 데 처하며 스스로 지혜 있는 체 하지 말라"(롬 12:16). 또한 빌립보 교회에 보낸 서신의 내용에도 하나 되기를 권면하고 있다(빌 2:2-4). 개인주의와 자기 자신을 사랑하는 말세적 현상 가운데 사는 성도는 무엇보다 마음을 같이 하는 일이 중요하다.

4. 권세를 잃은 교회

4. 권세를 잃은 교회

주님이 주신 권세를 행사하지 못하는 교회는 힘을 잃고 세상 사람들의 조롱거리가 된다. 교회의 권세를 우습게 여기는 자들이 교회 안에서 직분이라는 감투를 쓰고 교회를 분열시키고 우롱하고 있다. 예수님은 마태복음 18장 18절에서 권세에 대해 말씀하셨다. "진실로 너희에게 이르노니 무엇이든지 너희가 땅에서 매면 하늘에서도 매일 것이요 무엇이든지 땅에서 풀면 하늘에서도 풀리라."

말씀을 통한 권세는 제자들뿐 아니라 오늘날 교회에 주신 권세라고 할 수 있다. 땅에서 이루어지는 것과 하늘에서 이루어지는 것은 뗄 수 없는 관계가 있다. 이는 교회에서 치리할 수 있는 권세가 있음을 말씀하신 것이다.

그런데 이 권세를 받은 교회가 세상의 힘 앞에 판단을 받고 비굴해져가고 있다. 그것은 교회의 직분을 마치 세상의 감투처럼 사람들의 마음을 맞추는 도구로 사용했기 때문이다. 주님에 대한 사랑이 없는 자들이 제자처럼 위장하여 교회의 핵심 리더가 되어서 교회가 공의를 행하는 것보다 사람들의 인기에 영합하도록 일조하게 했기 때문이다. 교회가 책벌을 해도 책벌을 가볍게 여기고 다른 교회로 옮겨가서 책벌한 교회를 조롱하듯이 그 교회에서 더 열심을 내는 경우도 쉽게 찾아볼 수 있다.

  교회의 머리는 오직 한 분인 주님이시다. 교회마다 머리 되신 주님이 다른 분이 아니다. 그러므로 땅에서 묶이면 하늘에서도 묶이고, 땅에서 풀면 하늘에서도 풀린다. 교회에 주님을 사랑하는 제자들이 없으면 교회는 권세를 잃고 만다. 제자가 되어야 주님의 마음을 안다. 교회가 제자들을 훈련시키지 않는다면 권세 잃은 교회로 전락하고 말 것이다.

전도에 무관심한 교회

오늘날 많은 교회가 수평이동 하는 교인들로 부흥을 위장하고 있다. 전도하지 않고 수평이동 하는 교인들로 교인 수는 늘어나고 재정의 규모는 커질지 모르나 하나님께서 보실 때는 결코 부흥이 아니다.

수평이동 하는 교인들 중에는 교회를 쇼핑하듯이 옮겨 다니며 자신을 만족시킬 교회를 찾는 자들이 많다. 이들은 지체의식이나 섬김보다는 '자기를 위하여' 교회를 찾는다. 그리고 교회를 쉽게 옮기다 보니 '교회 사랑'은 찾아 볼 수 없다. 다니는 교회의 사역이 힘들면 쉽게 신앙생활 하고 박수와 영광을 가로챌 수 있는 다른 교회를 찾아 나서는 것이다. 이런 교인들이 많은 교회일수록 매너리즘에 빠지게 되고 초신자나 영적으로 어린 교인들이 십자가의 은혜나 복음의 감각을 접할 기회가 거의 없게 된다.

수평이동한 교인이 많은 교회일수록 모임이나 회의 시간이 되면 자신의 주장을 내세워 다툼과 분열을 일삼는다. 이런 자들 때문에 복음을 접하기도 전에 교회에 대한 거부감으로 교회를 떠나는 사람들이 도리어 교회의 안티그룹이 된다.

"화 있을 진저 외식하는 서기관들과 바리새인들이여 너희는 교인 하나를 얻기 위하여 바다와 육지를 두루 다니다가 생기면 너희보다 배나 더 지옥 자식이 되게 하는도다"(마 23:15).

복음을 전하고 한 영혼이 하나님께 돌아오기를 원하는 간절한 열망이 없다면 모든 것을 허비하게 되고 결국 무익한 일에 힘을 쏟는 결과가 된다. 그러나 모든 사람이 회개에 이르기를 원하는 영혼 사랑을 가지면 건강한 교회가 될 수밖에 없다. 이는 전도 속에 있는 신비한 축복 때문이다.

전도는 영혼 구원을 위한 하늘나라 프로젝트이다. 하나님은 영혼 구원을 위해 자신의 독생자를 제물로 주셨다. 그렇기 때문에 전도는 주님의 소원이요, 우리에게 주신 가장 엄한 명령이다. 교회가 복음 전파에 온 힘을 쏟는 것이야말로 진짜를 붙잡는 것이다. 진짜를 붙잡고 감격하고 생명을 걸어야 한다. 진짜를 붙잡지 못하고 허공을 쳐서는 안 된다.

복음의 열정이 식어진 교회는 이미 주님이 주신 권세를 스스로 포기하거나 소멸시키기로 작정한 것과 다를 바 없다. 교회가 전도의 특권을 포기하고 수평이동 하는 성도들을 보며 성장이라고 자화자찬하는 동안 교회의 내부는 곪아터져서 어느 한 순간에 비틀거리며 쓰러지고 말 것이다. 수평이동으로 교인 숫자가 늘어나는 것으로 만족하지 않고, 불신자를 향해 문을 활짝 열고 달려가는 교회가 되어야 한다. 그래야 교회가 산다. 주님께서는 전도하는 교회에 함께해 주시겠다고 하셨다(마 28:19-20). 주님께서 함께하시는 교회야말로 세상에서 가장 큰 영향력을 행사하는 권세 있는 교회다.

훈련을 싫어하는 교인

현대 교인들은 훈련을 싫어한다. 권리는 주장하고 요구하지만 의무를 행하는 것은 싫어한다. 가르치는 것은 좋아하지만 가르침받기는 싫어한다. 희생과 섬김을 싫어하고 자신의 유익만을 추구한다.

오늘날 교회가 당하는 아픔 중에 하나가 훈련은 싫어하고 자기의 영광만을 추구하는 자들 때문에 겪는 진통이다. 이것은 예수님께서 가장 염려하신 문제이기도 하다. 주님은 청지기 자세와 종의 자세를 요구하셨다. 십자가에 달리시기 전 성만찬 석상에서 서로 높아지려는 모습을 보며 책망하셨다.

그런데 한국인의 뿌리 깊은 의식 속에 박혀 있는 서열 문화와 완장 문화가 교회 내에서도 활개를 치고 있다. 한국인들은 완장을 차면 사람이 달라진다고 한다. 완장을 찬다는 것은 책임을 지고 남을 부린다는 뜻으로 다른 사람 앞에서 권한을 가진다는 뜻이다. 한국인에게는 직책이 주어지면 말단의 자리에 있을 때보다 열심히 일하는 이상한 성격이 있다. 그래서 완장을 차면 정신없이 일한다. 이런 이유 때문에 많은 자리를 만들어 감투를 준다. 교회 내에서도 직분이나 직책이 있어야 열심이 하는 특성 때문에 각 부서마다 세상의 조직을 그대로 가지고 들어왔다. 그 결과 회원보다 감투 쓴 자가 더 많은 경우도 있다.

  교인들이 거의 대부분 집사인 교회도 있다. 일하지 않고 이름만 집사인 경우가 얼마나 많은지 모른다. 이 때문에 교회 사역의 효율성이 떨어지기도 한다. 직분을 교인 붙잡는 방편으로 사용하는 경우도 있다. 직분이 벼슬이 되었다. 주님께서 우려하신 일이 현실로 나타나고 있는 것이다. 교회 안에서 성도라 부르고 형제라 부르면 못마땅하게 여기는 경우도 있으니 말이다.

  훈련을 통해 성숙한 그리스도인이 되기를 거부하는 이들에게는 종의 자세와 청지기 자세를 기대할 수 없고, 결국 그들은 영적 어린아이로 자기사랑의 수준에 머물러 있을 수밖에 없다. 말세가 되면 가장 먼저 나타나는 현상이 바로 자기사랑이다. 자기사랑으로 시작되는 곳에는 감사와 거룩함이 없다. "너는 이것을 알라 말세에 고통하는 때가 이르러 사람들이 자기를 사랑하며 돈을 사랑하며 자랑하며 교만하며 비방하며 부모를 거역하며 감사하지 아니하며 거룩하지 아니하며"(딤후 3:1-2). 자기를 사랑하는 교인들이 모인 교회에서는 그리스도 안에서 누리는 은혜와 평강을 찾아볼 수 없다. 십자가의 고통이 없이는 부활의 영광도 없듯이 훈련을 싫어하는 교인들로부터 기대할 것은 아무것도 없다. 훈련 없이 누리는 영광은 모래 위에 지은 집과 같다.

예수님의 제자들은 삼 년 동안 받은 훈련을 통해 이 세상을 복음화 시켰다. 모세는 광야 40년 동안 받은 훈련으로 이스라엘 백성들을 애굽에서 이끌어 내어 가나안으로 인도했으며, 다윗은 목동으로 맹수들의 위협 가운데 양을 지키면서 받은 훈련으로 이스라엘의 왕이 되어 많은 고난을 이겨냈다. 바울은 아라비아 사막에서 받은 훈련으로 사도의 역할을 끝까지 충성스럽게 감당했다. 영적인 전투를 하고 있는 성도는 사탄과의 싸움에서 이기기 위해 자기를 죽이는 훈련과 함께 경건에 이르기를 훈련해야 한다.

"형제들아 내가 그리스도 예수 우리 주 안에서 가진 바 너희에게 대한 나의 자랑을 두고 단언하노니 나는 날마다 죽노라"(고전 15:31).

말씀을 듣기만 하는 교인

하나님의 말씀의 능력에 대해 디모데후서 3장 16-17절에서 "모든 성경은 하나님의 감동으로 된 것으로 교훈과 책망과 바르게 함과 의로 교육하기에 유익하니 이는 하나님의 사람으로 온전하게 하며 모든 선한 일을 행할 능력을 갖추게 하려

함이라"고 말씀하고 있다. 하나님의 말씀을 평생 듣고도 변하지 않는 사람이 있다면 이보다 더 기막힌 일이 없을 것이다.

중학교 때 어머니를 따라 구역 예배에 참석한 적이 많다. 구역장은 구역 공과를 읽고 찬송과 기도로 예배를 마친다. 예배 시간은 길어야 30분이다. 이후 시간은 준비한 다과를 함께 먹으며 이런 저런 이야기를 나눈다. 대화 가운데 오늘 주신 말씀에 대해 은혜 받은 내용이나 영적인 내용은 없다. 거의 다 세상적인 이야기로 시간을 보내고 헤어진다. 그곳에서 하나님의 임재하심이나 성령의 역사는 기대할 수 없다. 단지 예배드린 것으로 만족할 뿐이다.

그러나 제자훈련이 시작된 후에는 많은 교회가 소그룹 모임인 구역모임(순모임)을 점차 귀납적 방법으로 바꾸었다. 하나님의 말씀을 함께 보며 은혜 받은 것과 결단한 것을 서로 나눈다. 하나님의 말씀 앞에서 자신의 모습을 솔직하게 고백하므로 치유와 회복의 은혜를 경험한다. 놀라운 것은 말씀 앞에서 자신의 모습을 잘 여는 자일수록 하나님의 크신 은혜와 능력의 손길을 경험한다는 것이다. 그러나 마음을 닫거나 위선적인 모습을 보일 때 하나님의 임재하심을 경험할 수 없고 영적인 성숙도 경험할 수 없다. 하나님의 말씀 앞에 마음을 열 때 성령 하나님께서도 다가오셔서 일하시는 것이다.

"두세 사람이 내 이름으로 모인 곳에는 나도 그들 중에 있느니라"(마 18:20)라고 약속하신 주님이 놀라운 일을 행해 주신다. 합심해서 기도할 때도 응답해 주시는 하나님을 경험하며 함께 감사하며 찬양한다.

교회 내의 모든 모임은 이런 역동적인 소그룹이 되어야 한다. 하나님의 말씀을 듣고 나누고 기도하고 행하는 소그룹이 될 때, 교회는 살아 있는 교회가 되어 세상 사람들을 놀라게 해줄 수 있다. "너희는 말씀을 행하는 자가 되고 듣기만 하여 자신을 속이는 자가 되지 말라"는 야고보서 1장 22절 말씀처럼 듣기만 하고 행하지 않는 것은 자신을 속여 비참하게 만드는 것이며, 교회 역시 세상 사람들의 조롱거리로 전락시키는 결과를 가져오게 됨을 알아야 한다.

비겁한 교인

주님은 교회를 그리스도의 몸이라고 말씀하심으로 교회의 존귀함을 알게 해주셨고, 권세 있는 교회임을 나타내셨다. 또한 교회를 그리스도 몸이라고 말씀하심으로써 지극한 사랑의 대상임을 알려 주셨다. 교회를 그리스도의 몸이라고 표현하는 것은 지체인 성도가 교회를 자기의 생명처럼 사랑해야 함을 알려 주신 것이다.

그리스도의 몸 된 교회를 사랑하는 성도들이 많을수록 교회는 권세 있는 교회로서의 역할을 감당할 수 있다. 그런데 안타깝게도 교회에 어려움이나 문제가 생기면 자신의 몸을 던져 교회를 보호하려고 하지 않고 방관하거나 몸을 피해 버리는 비겁함을 보이는 성도가 있다. 예수님께서 잡혀 모욕당하는 모습을 보고 멀찍이 따라가며 예수님을 세 번이나 부인했던 베드로처럼 말이다. "베드로가 멀찍이 예수를 따라 대제사장의 집 뜰에까지 가서 그 결말을 보려고 안에 들어가 하인들과 함께 앉아 있더라"(마 26:58).

고려대학교 무역학과 학생이었던 26세의 이수현 군은 꿈을 품고 일본 유학길에 올랐으나 2001년 1월 26일 도쿄 신오쿠보 역에서 목숨을 잃었다. 지하철 선로에 떨어진 취객을 구하려다 그 자리에서 즉사했다. 더욱 놀라운 것은 사고 직전 죽음을 피할 수 있는 7초의 시간이 있었다는 것이다. 건장한 청년 이수현이었지만 인사 불성된 취객을 선로에서 플랫폼으로 끌어올리기엔 역부족이었다. 만약 취객을 그 자리에 두고 본인의 몸을 피했다면 살 수 있었을 것이다. 그러나 그는 달려오는 열차를 피하는 대신 두 손을 들고 열차를 멈추려고 수신호를 보냈다. 하지만 열차가 멈추기에는 이미 시간이 부족했고 그는 그 자리에서 안타깝게 죽고 말았다. 일본인들은 이수현의 죽음에 놀라움과 큰 감동을 받아 추모의 행렬이 멈추지 않았다.

비겁한 교인들은 자신의 영광과 욕심을 위해서는 열을 내어 다투지만 교회가 사탄으로부터 공격을 받고 영혼들이 손상당할 때는 자신과 상관없는 것처럼 외면하거나 그 자리에서 피해 버린다.

어느 교회에서 있었던 일이다. 한 교인이 직분자 선거에서 자신이 제외된 것에 대한 불만을 품고 교회와 목회자에 대한 비방을 하고 다녔다. 교회 내에서 헌신하고 잘 섬기는 교인들을 아첨꾼이나 간신으로 몰아 세웠다. 교회를 사랑하는 교인들은 이 소리를 듣고 마음이 부글부글 끓었으나 참을 수밖에 없었다. 그때 평소에 조용히 섬기던 한 형제가 이 소식을 듣고 그 교인을 찾아가서 잘못을 지적하고 "형제가 다니면서 하는 말에 책임 질 수 있냐?"고 따졌다. 그리고 만약 자신이 있다면 뒤에서 말하지 말고 떳떳하게 교인들 앞에서 말하라고 했다. 그 일 이후 비방하고 다니던 교인은 교회를 떠났다. 물론 더 이상 교회 안에서 비방은 없었다. 자신의 말이 억지임을 자신도 잘 알았기 때문이다.

오늘날 많은 성도가 교회를 공격하고 비방하는 말을 들으면서도 아무런 대응을 하지 못한다. 대개의 경우 악한 사람 몇 명의 소란을 보면서도 선한 사람 다수가 침묵한다. 괜히 잘못 말하거나 잘못을 지적했다가 사이가 나빠지면 좋을 것 없다고 생각하며 눈치를 살피기 때문이다. 그들은 좋은 것이 좋다는 논리를 내세우며 그냥 모른 척 교제한다. 그러나 교회에 대한 공격은 사소하게 시작하여 결국 복음을 가로막는 결과를 가져오게 된다. 하나님의 교회를 위해서는 적극적인 자세와 용기가 필요하다.

블레셋의 골리앗 앞에서 벌벌 떨며 침묵하던 이스라엘을 위기에서 구한 자는 소년 다윗이었다. 다윗은 하나님의 권세를 믿었다. 그러나 다수의 이스라엘 군인들은 침묵하고 있었다. 다윗은 골리앗을 향해 외치며 나아갔다. "다윗이 블레셋 사람에게 이르되 너는 칼과 창과 단창으로 내게 나아오거니와 나는 만군의 여호와의 이름 곧 네가 모욕하는 이스라엘 군대의 하나님의 이름으로 네게 나아가노라"(삼상 17:45). 그러나 자신의 힘을 의지하며 큰 소리 치던 골리앗은 정말 대단한 위세를 보였다. 다윗의 용기가 가소롭게 보였다. "블레셋 사람이 다윗에게 이르되 네가 나를 개로 여기고 막대기를 가지고 내게 나아왔느냐 하고 그의 신들의 이름으로 다윗을 저주하고"(삼상 17:43). 승리는 하나님의 권세를 믿은 다윗의 것이었다. 하나님의 권세를 의지하고 나아가는 다윗에 비해 골리앗은 경력과 힘, 그리고 모든 조건에서 압도했지만 하나님의 권세 앞에서는 상대가 되지 않았다.

교회 안에 있는 다수의 침묵하는 사람들처럼 되어서는 결코 안 된다. 다윗처럼 사탄의 공격 앞에 당당하게 나서야 한다. 적극적인 자세로 방어하고 어떤 때는 공격도 해야 한다. 그리고 사랑의 마음으로 돌아오게 해달라고 기도해야 한다. 하나님의 권세를 믿고 나설 때 비로소 물맷돌이 골리앗을 넘어뜨릴 것이다. 그리스도의 몸 된 교회 내에 골리앗이 나타나면 침묵하지 않고 나서는 다윗 같은 용사가 많을 때, 교회는 권세 있는 교회로서의 역할을 잘 감당할 수 있다.

베드로의 비겁한 침묵은 평생의 아픔이 되었다. "이에 베드로가 예수의 말씀에 닭 울기 전에 네가 세 번 나를 부인하리라 하심이 생각나서 밖에 나가서 심히 통곡하니라"(마 26:75). 아픔을 딛고 일어선 베드로는 회개하고 건강한 교회를 세우는 일에 남은 생애를 바쳤다. 다윗 같은 용사와 자신의 잘못을 돌이킨 베드로 같은 사람들을 통해 권세 있는 교회가 곳곳에 세워지기를 소원해 본다.

직분을 탐하는 교인

평안하던 교회가 직분자 선출이나 임명 때문에 어려움을 겪는 경우를 본다. 이는 교회의 직분이 세상에서 말하는 벼슬이 아니고 그리스도의 몸인 교회를 세우기 위한 섬김의 자리라는 사실을 알면서도 실제로는 직분을 벼슬처럼 생각하기 때문이다. 직분이 '섬김의 자리'라는 말씀을 알아도 직분을 탐하는 마음을 버리지 못하고 교회에서 물의를 일으키고 다른 교회로 옮기는 경우는 생각보다 많다.

한국인의 의식 속에 있는 서열 의식 때문에 사람들은 가능하면 '장' 자리에 오르려고 한다. 그래서 요즘은 '사장'이라는 호칭이 널리 통용되고 있다. 혼자 호떡 장사를 해도 사장인 것이다. 특히 교회 안에서 마땅히 부를 호칭을 찾기 어려울 때 '집사님'이라고 불러주면 집사가 아니더라도 좋아한다.

'집사'의 관계어원인 '디아코노스'는 '식탁이나 천한 일에 시중드는 사람'을 지칭한다. 그 의미 속에는 '시중들다', '관리하다', '섬기다'의 의미가 있다. 또한 '장로'의 관계어원인 '프로스 뷔테로스'는 '더 늙은', '앞서 행하는 사람', '솔선수범하는 사람'이라는 뜻이다. 그러므로 장로는 이미 모범적인 삶을 산 사람들에게 주어지는 직분으로 존경할 만한 삶을 산 자여야 한다. 그러므로 교회의 직분은 섬기는 자리에 있는 자에게 주신 직분이지 호칭으로 사용하거나 벼슬로 주신 것이 결코 아님을 명심해야 한다.

요한 계시록에 나타난 24장로는 충성스러운 백성을 대표

하는 자를 나타낸다. 신약시대의 장로는 목사와 사도의 동역자로 주님의 몸 된 교회를 섬겼다. 주님의 몸 된 교회를 사랑하는 자와 교회를 세우기 위해 힘쓰는 자에게 주어지는 직분인 '장로'는 결코 벼슬이 될 수 없다. 권위는 섬김과 겸손에서부터 시작된다. 장로의 직분을 잘못 감당하면 오히려 하나님 나라의 사역에 걸림돌이 되어 돌이킬 수 없는 책망과 진노의 대상이 될 뿐이다.

교회 오래 다니고도 직분자가 되지 못하면 창피하게 여기는 경우도 있다. 그러나 정말 부끄러워해야 하는 것은 직분을 받고도 교회를 섬기지 않는 것이다. 한 달란트를 땅에 묻어두고 책망받은 자의 책망을 되새겨 보자. "그 주인이 대답하여 이르되 악하고 게으른 종아 나는 심지 않은 데서 거두고 헤치지 않은 데서 모으는 줄로 네가 알았느냐"(마 25:26). "이 무익한 종을 바깥 어두운 데로 내쫓으라 거기서 슬피 울며 이를 갈리라 하니라"(마 25:30). 직분자들 중에는 차라리 직분을 받지 않았으면 좋았을 걸 하고 생각되는 자들도 많다. 영적 어린아이가 직분을 받으면 어떤 일도 할 수 없고 짐을 맡기면 오히려 투정과 불평으로 사역에 방해꾼이 되기 때문이다. 그러나 안타까운 것은 그들이 직분을 좋아하고 탐한다는 것이다.

잠시 성도들의 호칭에 대해 생각해 보자.

교회에서 세례 받은 지 얼마 되지 않은 어느 할머니는 다른 할머니들이 '권사님 혹은 집사님'이라 불리는 것이 부러워 자기도 빨리 집사 달아 달라고 목사에게 말했다고 한다. 가장 좋은 호칭이 무엇일까? 그것은 바로 '성도'라는 것이다. '성도'를 직분자보다 못한 하급자를 지칭하거나 비하하는 것으로 오해해서는 안 된다. '성도'란 참으로 영광스런 호칭이다. 직분자라고 해도 거듭나지 않았으면 성도가 아니다. '성도'란 '거룩한 무리'라는 의미로 그리스도인과 동의어로 사용된다. 성도란 그리스도를 통해 하나님의 사랑을 입고 하나님께 속한 자를 말한다. 성도는 그리스도 안에 있는 자, 성령 안에 있는 자로 하나님께서 끝까지 영화롭게 할 자들이다. 신약성경에 나오는 성도라는 헬라어는 '하기오스'로 본래 '다르다'는 뜻이다. 세상 사람들과 구별됨으로써 불려진 '성도'라는 이 존귀한 이름을 우습게 여겨서는 안 된다. 하나님으로부터 선택된 자랑스런 자들인 '성도'가 얼마나 귀한 호칭인가? '성도님'이라고 불려지는 것을 크게 기뻐하고 자랑스럽게 생각해야 한다.

그리고 또 하나는 '형제'라는 호칭이다. '형제'라는 말은 그리스도인들을 지칭한 말로 사도행전 1장 15절에서 처음 나오는데, 교회 지체들을 향해 사용한 최초의 명칭이었다.

이 명칭은 사도행전에 계속해서 나온다. 형제가 육적인 피를 나눈 가족의 의미가 있다면 예수 그리스도의 피로 하나님의 가족이라는 의미가 포함된 사랑을 담은 호칭인 것이다.

5. 권세 있는 교회의 비밀

하나님의 주권을 통한 권세

하나님의 주권이란 하나님의 하나님 되심을 의미한다. 창조자이신 하나님은 유일하시며, 지극히 높으신 분으로 하늘과 땅에 존재하는 모든 것을 자신의 뜻대로 다스리신다. 그 누구도 하나님의 뜻을 막을 수 없다. 하나님은 한 나라를 세우기도 하시고 망하게도 하시며 모든 나라를 통치하신다. 이런 하나님의 주권에 저항할 수 없다. 하나님의 통치와 인도하심은 너무나 완벽하기에 하나님께 핸들을 맡겨 드리면 완벽하게 인도하시고 주관하심을 볼 수 있다. 하나님은 인류 전체를 통치하시고, 모든 천사들을 주관하신다. 하나님의 주권을 믿고 신뢰하는 교회는 하나님의 일하심을 생생하게 경험한다. 하나님께서 일하시는 것은 너무나 놀랍다.

"네 길을 여호와께 맡기라 그를 의지하면 그가 이루시고 네 의를 빛같이 나타내시며 네 공의를 정오의 빛같이 하시리로다 여호와 앞에 잠잠하고 참고 기다리라 자기 길이 형통하며 악한 꾀를 이루는 자 때문에 불평하지 말지어다"(시 37:5-7).

"이는 만물이 주에게서 나오고 주로 말미암고 주에게로 돌아감이라 그에게 영광이 세세에 있을 지어다 아멘"(롬 11:36).

1) 평택대광교회 건축 이야기

평택대광교회는 세 번 예배당을 건축했다. 첫 번째 건축은 1984년 10월 1일, 공사를 시작하여 1987년 6월 1일에야 준공하였다. 67평의 조그만 예배당을 짓는데 2년 8개월이나 걸린 것이다. 장년과 청년, 학생 모두 합쳐서 50여 명의 성도가 합심해서 섬긴 결과였다. 물질이 생기는 대로 조금씩 공사를 하다 보니 오랜 기간이 걸렸다. 건축 준공의 기쁨은 남달랐다. 준공허가서를 받아 들고 뜨거운 눈물을 흘리며 감사의 기도를 드렸다.

그러나 준공의 기쁨도 잠깐이었다. 토지개발공사로부터 예배당이 수용되었다는 통보가 오고 곧 이어 토지와 건축 보상비 통지서가 나왔다. 수용 통지서를 받아들고 기도하기 시작했다. "하나님, 이제 겨우 예배당을 건축했습니다. 그런데 예배당이 수용되다니요." 간절히 기도하며 모든 문제를 주님께 맡겼다. 토지개발공사 측에서는 아무런 연락도 하지 않았다. 오직 하나님께서 모든 것을 주관하실 것을 믿고 기도만 했다. 몇 개월이 지난 어느 날 토지개발공사 지역 책임자가 직접 교회로 찾아왔다. 그는 평택대광교회는 수용대상에서 빠졌으면 좋겠다는 생각이 들어 찾아왔다면서 몇 가지 서류와 함께 진정서를 제출하라고 했다. 진정서와 서류를 몇 개 기관에 제출한 후에도 결정이 쉽게 되지 않아 다시 추가 서류를 제출한 후에야 수용대상에서 빠졌다. 수용대상에서 빠진 것이 결정 난 후 처음으로 토지개발공사 사무실을 찾아 책임자와 차 한 잔을 나누며 결정 사실에 대해 들었다. 책임자는 결정되기까지 상급기관에 제출된 진정서 때문에 브리핑을 하느라 자신들도 힘들었지만 결과가 좋아서 기쁘다며 축하해 주었다. 그들에게 부탁한 적도 없고 찾아가지도 않았지만 하나님께서는 책임자의 마음을 움직여 교회를 존치시켜 주셨던 것이다.

세 번째 건축을 마친 15년 후에도 이와 똑 같은 일이 벌어졌다. 교회가 또 다시 토지개발공사에 수용된 것이다. 토지개발공사가 우리 교회가 가는 곳만 수용하는 것처럼 느껴졌다. 사탄이 교회를 대단히 시샘하는 모양이다. 이번에도 역시 교회가 함께 기도만 했다. 토지개발공사에 진정서만 넣고 아무 일도 하지 않았다. 들리는 소문만 무성했다. 평택대광교회도 수용이 결정되어 다른 지역에 땅을 샀다는 등 알지 못할 소문이 돌았지만 정작 목사와 교인들은 최종 결정까지 아무것도 모르고 있었다. 수용 절차가 거의 마무리 될 때쯤 지사장이 만나자며 연락해 왔다. 지사장실에 들어서니 지사장은 대광교회 목사님은 처음 뵙는다고 하면서 말문을 열었다. 교회 존치에 대한 의견을 말하고 처음이자 마지막으로 토지개발공사 사무실을 나왔다. 얼마 후 존치위원회가 열렸고 평택대광교회는 존치되는 데 전혀 문제가 없다는 결정이 나왔다. 그리고 교회 주변의 환경은 우리가 평소 기도했던 것처럼 계획되어 있었다. 이 자리에 참석했던 교회 담당 집사님은 너무 흥분되면서도 하나님이 무서웠다고 했다.

하나님은 참으로 대단하고 완벽한 분이시다. 하나님은 완벽하고 오묘하게 일하신다. 성경은 하나님을 경외하는 것이 얼마나 중요한지 말씀하고 있다.

"여호와를 경외하는 것이 지혜의 근본이요 거룩하신 자를 아는 것이 명철이니라"(잠 9:10).

하나님은 이 세상 모든 문제를 주관하시는 분이다. 만물 위에 계신 주님께서 모든 것을 주관하고 계시는 것이다.

※

"모든 통치와 권세와 능력과 주관과 이 세상뿐 아니라 오는 세상에 일컫는 모든 이름 위에 뛰어나게 하시고 또 만물을 그의 발 아래에 복종하게 하시고 그를 만물 위에 교회의 머리로 삼으셨느니라 교회는 그의 몸이니 만물 안에서 만물을 충만하게 하시는 이의 충만이니라" (엡 1:21-23).

2) 교회의 제일 되는 목적

"사람의 제일 되는 목적이 무엇인가?" 소요리 문답의 제1문에 나오는 질문이다. 사람의 제일 되는 목적은 하나님을 영화롭게 하는 것과 영원토록 그를 즐거워하는 것이다. 하나님은 능력을 통해 하나님의 영광을 드러내신다. 하나님께 영광을 돌려 드리는 것은 교회의 근본적인 문제이며 성도의 가장 중요한 일이다.

※

"너희 몸은 너희가 하나님께로부터 받은 바 너희 가운데 계신 성령의 전인 줄을 알지 못하느냐 너희는 너희 자신의 것이 아니라 값으로 산 것이 되었으니 그런즉 너희 몸으로 하나님께 영광을 돌리라" (고전 6:19-20).

하나님께 영광을 돌려 드리기 위해 최선을 다한다면 하나님께서는 능력을 드러내신다. 아프리카 선교사로 사역했고 트리니티 복음주의 신학교에서 강의한 적이 있는 '티모시 워너'는 그의 저서 『영적 전투』(Spiritual Warfare)에서 이렇게 말했다.

"지상 명령은 하늘 아래 모든 족속과 나라에 가서 제자 삼으라는 우리 주님께서 교회에 내리신 책임이다. 잃어버린 자를 구원하고 믿는 자에게 그리스도 안에서 자유함과 충만함을 누리도록 이끄는 것이 하나님의 백성이 갖는 주된 목적이다. 그러나 그 일이 중요하기는 하지만 근본적인 문제는 아니다. 근본적인 문제는 하나님의 영광이다. 모든 것을 하나님의 영광을 위해서 행하는 성도는 다른 사람들을 믿음으로 이끄는 증인들이다."

어디를 가든지 하나님의 영광을 드러내고 하나님의 영광을 위해서 일한다면 이것이야말로 참된 경배와 섬김인 것이다. 주님에게도 사역의 모든 초점은 하나님을 영화롭게 하는 것이었다. 그러므로 교회도 주님이 이 땅에서 행하신 그대로 사역하는 것이 하나님을 영화롭게 해드리는 것이다. 예수님의 사역을 위임받은 교회가 교회 되기 위해 노력하는 것이야

5. 권세 있는 교회의 비밀 95

말로 하나님을 영화롭게 해드리고 하나님의 주권을 인정하는 것이다. 그럴 때 하나님께서는 우리의 필요를 채우시고 인도해 주신다.

평택대광교회가 처음 자리 잡은 지역은 사람들이 많지 않은 과수원 한가운데였다. 그런데 제자훈련과 전도를 통해 성도 수가 늘어나면서 예배당이 비좁아 3부 예배까지 드리게 되었다. 그러다 지금의 예배당 부지를 확보하고 건축에 들어갔다. 대예배당이 여러 여건상 지하에 자리 잡게 되었다. 지하공사가 가장 큰 문제였다. 대예배당이 들어설 지하 규모가 600평이 넘었다. 그런데 하필 지하 터파기 공사 기간과 장마철이 겹쳤다. 비가 오면 공사가 지연되고 물빼기 작업을 해야 하는 등 많은 문제가 발생할 수 있어서 전 교인이 기도에 매달렸다. 중보기도단 100여 명도 함께 기도에 동참했고, 이웃 교회 중보기도단에도 기도를 부탁했다. 그해(2001년)에는 장마기간에 비가 오지 않았다. 아니 오히려 전국에 가뭄이 들었다. 공사는 일사천리로 진행되었다. 공사기간으로는 1년 6개월을 잡았지만 이보다 3개월이나 단축된 1년 3개월 만에 입당 예배를 드릴 수 있었다. 공사를 맡은 이랜드 개발은 지금껏 이런 일은 처음이라고 했다. 공사가 예상보다 빨리 진행되어 매 기간마다 지불할 공사 대금 때문에 힘은 들었지만, 지나고 보니 하나님께서 자연까지 움직여 주신 것에 너무나 감사했다. 하나님께서 우리의 목적을 선하게 보시고 도와주셨음을 확신한다.

    교회가 교회의 주된 목적을 위해 나아가는 것이 바로 성장이라고 말해도 틀린 말은 아닐 것이다. 분명한 목적과 함께 중요한 것은 믿음이다. 믿음이 없으면 믿음의 결과가 없기 때문이다. 하나님은 믿음을 보고 일하신다. 우리가 의지하는 만큼 일하시는 것이다. 지금까지 목회하면서 사람들이나 관공서에 아쉬운 이야기를 하지 않으려고 노력했다. 어떤 일이든 하나님의 도우심으로 일하고 싶었다. 개척 후 후원은 미국의 시카고에 있는 한인 교회로부터 매달 100불씩 후원 받은 것이 전부였다. 요즘 너무 후원에만 의존하는 목회자를 보면 하나님께 기도하라고 말하고 싶다.

    하나님께서는 좋은 것으로 아낌없이 주실 준비를 하고 계신다. 아들을 주신 분이 무엇을 아끼시겠는가? 오직 하나님으로부터 시작하고 진행하고 마무리하기를 원하면 하나님께서는 그 일에 가장 합당한 사람을 보내 주시고 물질까지도 적절하게 공급해 주신다. 이런 하나님을 경험하면 교회가 '그리스도의 몸' 임을 실감하게 된다. 주님의 몸 된 교회를 주님보다 더 사랑하는 것처럼 행동하고 염려하는 것도 불신이다. 교회에 문제가 생겼을 지라도 주님께서 원하시는 대로 행하면 주님께서 교회를 더 굳게 세워 주신다. 하나님의 주권을 인정하고 믿음으로 행할 때 하나님은 정말 즐거워하신다. 오직 하나님만이 사모하고 의지할 분이시다.

"그런즉 너희가 먹든지 마시든지 무엇을 하든지 다 하나님의 영광을 위하여 하라"(고전 10:31).

"하늘에서는 주 외에 누가 내게 있으리요 땅에서는 주밖에 내가 사모할 이 없나이다 내 육체와 마음은 쇠약하나 하나님은 내 마음의 반석이시요 영원한 분깃이시라 무릇 주를 멀리하는 자는 망하리니 음녀 같이 주를 떠난 자를 주께서 다 멸하셨나이다 하나님께 가까이 함이 내게 복이라 내가 주 여호와를 나의 피난처로 삼아 주의 모든 행적을 전파하리이다"(시 73:25-28).

하나님 말씀으로부터 나오는 권세

어느 주일 낮 예배 시간에 다른 날과 다름없이 말씀을 전했다. 예수님께서 병자를 고치신 내용이었다. 예배를 마치고 강단에서 내려오자 한 자매가 다가와 예배 시간에 말씀을 듣는 중에 자신의 눈병이 치료되었다고 말했다. 얼마 전부터 눈병으로 고통당하고 있는 것을 아는 터라 어떻게 된 일인지 물었다. 설교를 들으며 예수님께서 성경에 나오는 병자만 고쳐 주시는 것이 아니라 자신의 눈병도 고쳐 주실 수 있는 분이라는 확신이 들었고 마음에서부터 나오는 감사의 눈물을 흘린 이후에 눈병이 치료되었다고 했다. 그 자매도 놀라고 나 자신도 놀랐다. 하나님의 말씀이 살아 있는 말씀임을 더욱 확신하는 순간이었다. 성경을 살아 있는 하나님의 말씀으로 믿는다면 누구나 하나님의 은혜를 경험할 수 있다. 히브리서 4장 12절에서는 "하나님의 말씀은 살아 있고 활력이 있어 좌우에 날선 어떤 검보다도 예리하여 혼과 영과 및 관절과 골수를 찔러 쪼개기까지 하며 또 마음의 생각과 뜻을 판단하나니"라고 말씀하고 있다.

하나님 말씀의 권세를 인정하는 성도가 많은 교회는 하나님의 권세를 경험할 뿐 아니라 세상에 그 권세를 드러낼 수 있다. 교회가 하나님 말씀의 권세를 인정하지 않고 오히려 세상의 여론이나 사람들의 요구에 부응하는 교회라면 겉모양은 화려할지라도 이미 힘 잃은 공룡에 불과하다. 초대교회의 부흥은 참으로 대단했다. 그것은 말씀의 권세를 인정했기 때문에 가능했다.

"그들이 사도의 가르침을 받아 서로 교제하고 떡을 떼며 오로지 기도하기를 힘쓰니라 사람마다 두려워하는데 사도들로 말미암아 기사와 표적이 많이 나타나니"(행 2:42-43).

"빌기를 다하매 모인 곳이 진동하더니 무리가 다 성령이 충만하여 담대히 하나님의 말씀을 전하니라"(행 4:31).

예수님께서도 이 땅에 오셔서 가르치시는 사역에 온 힘을 기울이셨다. 예수님의 가르치심은 교실 안에서의 교육이 아니라 하나님의 말씀과 함께 현장 교육을 병행한 것이었다. 다시 말하면 입체적인 교육이었다.

"예수께서 모든 도시와 마을에 두루 다니사 그들의 회당에서 가르치시며 천국 복음을 전파하시며 모든 병과 모든 약한 것을 고치시니라"(마 9:35).

"예수께서 낮에는 성전에서 가르치시고 밤에는 나가 감람원이라 하는 산에서 쉬시니"(눅 21:37).

예수님의 가르침의 권세를 따랐던 제자들은 가는 곳마다 하나님 말씀의 권세를 드러냈고, 수많은 영혼이 주님께로 돌아왔다. 그러나 하나님 말씀의 권세를 인정하지 않은 가룟 유다는 하나님의 말씀을 마음으로 받아들이지 않았다. 그는 하나님의 말씀으로부터 나오는 영적인 권세보다는 세상의 권세에 더 마음을 두고 있었다. 결국 하나님 말씀의 권세보다 세상 권세를 의지하여 미래를 개척한 결과 그의 인생은 파멸하고 말았다.

이와 비슷한 제자가 한 명 더 있었다. 그는 도마였다. 예수님의 부활하심을 믿지 못하고 제자들에게 자신의 눈과 손으로 확인해야 믿겠다고 했다.

"다른 제자들이 그에게 이르되 우리가 주를 보았노라 하니 도마가 이르되 내가 그의 손의 못 자국을 보며 내 손가락을 그 못 자국에 넣으며 내 손을 그 옆구리에 넣어 보지 않고는 믿지 아니하겠노라 하니라"(요 20:25).

도마는 평소 주님께서 하시던 말씀의 권세를 인식하지 못하고 한 귀로 듣고 한 귀로 흘러 보냈던 것이다. 그러나 이후 그는 말씀의 권세를 인정하고 제자로서의 역할을 충성스럽게 감당했다.

오랜 신앙의 경력과 직분을 자랑하는 자들 가운데서도 간혹 하나님 말씀의 권세는 인정하지 않고 자신의 성경 지식과 경험을 더 중요하게 여기는 사람들이 있다. 이런 자들은 하나님의 만져 주심을 경험할 수 없다.

예수님의 제자 베드로가 이유 없이 수제자가 된 것이 아니다. 베드로는 하나님 말씀의 권세를 인정하고 있었다. 그것이 베드로로 하여금 베드로 되게 한 것이다. 베드로가 게네사렛 호숫가에서 주님의 말씀을 의지하여 그물을 던졌을 때, 밤새도록 한 마리도 잡지 못한 그곳에서 두 배에 가득 고기를 채운 사건은 베드로 평생에 하나님 말씀의 권세를 인정하며 살도록 한 중요한 계기가 되었을 것이다.

"말씀을 마치시고 시몬에게 이르시되 깊은 데로 가서 그물을 내려 고기를 잡으라 시몬이 대답하여 이르되 선생님 우리들이 밤이 새도록 수고하였으되 잡은 것이 없지마는 말씀에 의지하여 내가 그물을 내리리이다 하고 그렇게 하니 고기를 잡은 것이 심히 많아 그물이 찢어지는지라 이에 다른 배에 있는 동무들에게 손짓하여 와서 도와 달라 하니 그들이 와서 두 배에 채우매 잠기게 되었더라 시몬 베드로가 이를 보고 예수의 무릎 아래에 엎드려 이르되 주여 나를 떠나소서 나는 죄인이로소이다 하니"(눅 5:4-8).

하나님 말씀의 권세를 인정할 때 하나님의 치료하심과 회복을 경험하고 변화된 삶으로 세상에 하나님의 권세를 드러내게 된다.

순종으로부터 나오는 권세

주님께서 위임하신 '제자 삼는 사역'에 불순종하거나 성실하지 못한 교회는 교회이기를 거부한 것이다. 사탄은 환경과 여러 조건을 내세워 순종하지 못하도록 한다. 세상의 인기에 영합하거나 시대의 조류에 따라 결정하고 행동하는 교회는 이미 주님의 권세를 행사할 수 없는 지경에 이른 것이다. 순종하지 않을 때 가장 초라한 교회로 전락할 수밖에 없다.

이스라엘 백성은 가나안에서조차 영향력을 행사하지 못했다. 그 이유는 가나안 주민을 쫓아내지 않았기 때문이다. 주민들을 그냥 두는 것을 대수롭지 않게 생각했다. 별 문제 되지 않을 것으로 여겼다. 서로 도우면서 살면 좋을 것처럼 생각했다. 그러나 가나안 주민은 이스라엘 백성들에게 암적인 존재였다. 이스라엘 백성들은 차츰 가나안 주민의 풍습과 삶을 배워가기 시작했다. 나중에는 우상의 풍습에 젖어 죄악에 물든 생활을 하게 되고 자기들의 뜻대로 행동하는 사람들이 되고 말았다. 순종하지 않으면 결단코 영향력 있는 교회나 민족이 될 수 없다.

1) 순종으로 세워지는 건강한 교회

하나님은 온전한 순종을 원하신다. 순종하지 않는 교회나 개인은 힘이 없다. 열심히 일하지만 정작 주님께서 원하시는 열매는 얻을 수 없기 때문이다. 일시적으로 사람들로부터 박수 받고 인정받을 수는 있겠지만 주님이 주시는 권세를 통한 사역의 열매와는 거리가 멀 수밖에 없다.

예수님의 제자들이 그의 권세 앞에 순종하므로 복음이 세계 곳곳에 전파되었다. 제자들은 예수님이 남기신 지상 최후의 말씀 앞에 힘과 정성을 다해 순종했다. 그렇다면 성도도 당연히 예수님께서 하신 말씀의 중요성을 알고 순종해야 한다. 순종하면 예수님께서 함께하시는 은혜를 경험할 뿐 아니라 예수님의 권세를 드러내게 된다. 요한복음 14장 23절에서 말씀하고 있다. "예수께서 대답하여 이르시되 사람이 나를 사랑하면 내 말을 지키리니 내 아버지께서 그를 사랑하실 것이요 우리가 그에게 가서 거처를 저와 함께하리라."

이뿐 아니라 신명기에서도 순종으로부터 나오는 지속적인 권세를 말씀하고 있다. "나를 사랑하고 내 계명을 지키는 자에게는 천 대까지 은혜를 베푸느니라"(신 5:10).

오늘날 교회 되지 못한 교회가 참으로 많다. 그 이유는 목회의 전문가이신 주님께서 가르쳐 주신 말씀을 한 귀로 듣고 한 귀로 흘려버리기 때문이다. "너희는 가서 모든 민족으로 제자를 삼아"라고 하신 말씀을 귀담아 듣지 않고 각자의 방법이나 사람들의 입맛에 맞는 목회를 하기 때문이다. '제자

삼는' 목회를 해야 교회가 교회다워 진다. 제자 삼는 일에 전력을 다하는 교회는 주님의 권세를 가지고 세상을 복음화 시켜 주님의 발 아래 무릎 꿇게 만든다. 예수님은 교회를 '자신의 몸'이라고 하셨고 자신은 교회의 머리라고 하셨다. 그러므로 그리스도의 몸인 교회가 머리의 지시에 따라야 하는 것은 너무나 당연하다. 이 땅에 어떤 목회 스타일도 주님의 '제자 삼는 사역'을 능가할 수 없다. 목회에 경제 논리나 새로운 경영 기법을 도입할 수는 있지만 그 결과는 결코 주님께서 요구하시는 건강한 교회를 세우지 못할 것이다.

2) 하나님을 경험하는 순종

교인들은 많은데 세상은 날로 악해져 간다. 많은 세미나와 부흥회 등 집회는 많은데 사람은 변하지 않는다. 인터넷이나 방송에서 유명한 목회자의 설교를 쉽게 접할 수 있다. 서점에는 신간들이 홍수처럼 쏟아져 나온다. 신앙 지식과 경력을 자랑하는 직분자들이 교회 안에 가득하지만 교회 안에 성도는 메말라 가고 보이지 않는 갈등으로 아픔을 겪는다. 세상에서도 성도가 칭찬받고 존경받는 대상이 되기보다는 비난과 조롱의 대상이 되는 경우가 허다하다. 이 모든 것은 하나님과의 관계에 문제가 있기 때문이다.

성도는 양이다. 양은 목자와의 관계가 가장 중요하다. 그런데 목자이신 하나님과의 관계보다 양들끼리 몰려다니느라 목자를 쳐다볼 여유가 없는 것 같다. 양들끼리 몰려다니는 것은 대단히 위험하다. 양은 반드시 목자와 함께해야 한다. 그래야 양들이 산다. 양들끼리 몰려다니면서 목자이신 하나님의 음성을 듣지 않으면 안 된다.

목자이신 하나님의 음성에 귀를 기울이고 따르는 자는 하나님을 경험한다. 그런데 문제는 교회 내에 하나님을 경험한 자들이 많지 않다는 것이다. 믿음을 통해 하나님을 경험하지 못하면 언제나 지식적인 수준에 머물러 영적인 성숙은 기대할 수 없다. 오히려 지식을 자랑하고 지식으로 인해 교만함만 가득하게 된다. 이런 자는 설교를 들어도 변하지 않는다. 설교를 비평하고 판단은 하지만 정작 자신은 삶의 변화를 체험하지 못한다.

진정한 믿음은 하나님을 경험한다. 예수님께서 하신 말씀은 우리에게 큰 도전을 준다. "영생은 곧 유일하신 참 하나님과 그가 보내신 자 예수 그리스도를 아는 것이니이다"(요 17:3). 이 말씀은 믿음을 가진 자는 하나님을 경험하는 자임을 가르치고 있다. 여기서 안다는 것은 경험적인 지식을 말하는 것이다.

하나님께 순종하면 하나님을 경험한다. 믿음의 사람 다윗이 쓴 시들은 하나님을 경험한 후에야 나올 수 있는 진실한 표현이다. 다윗은 용사요 시인이며 음악가이다. 여러 방면에서 하나님을 경험한 그의 시를 보면 입을 벌려 감탄하지 않을 수 없다. 어떻게 하나님을 그렇게 사실적이고 세밀하게 표현할 수 있을까? 그것은 그가 하나님을 모든 방면에서 경험했기 때문에 가능했다. 다윗은 하나님께 순종할 때 자신이 정한 울타리를 과감하게 헐어버렸다. 자존심도 체면도 버렸다. 그것이 다윗으로 하여금 하나님을 향해 사실적인 고백을 하도록 한 것이다. 다윗이 대적들을 진압한 후 하나님에 대해 고백한 것은 참으로 살아 있는 생생함 그 자체였다.

"여호와여 주는 나의 등불이시니 여호와께서 나의 어둠을 밝히시리이다 내가 주를 의뢰하고 적진으로 달리며 내 하나님을 의지하고 성벽을 뛰어 넘나이다 하나님의 도는 완전하고 여호와의 말씀은 진실하니 그는 자기에게 피하는 모든 자에게 방패시로다 여호와 외에 누가 하나님이며 우리 하나님 외에 누가 반석이냐 하나님은 나의 견고한 요새시며 나를 온전한 곳으로 인도하시며 나의 발로 암사슴 발 같게 하시며 나를 나의 높은 곳에 세우시며 내 손을 가르쳐 싸우게 하시니 내 팔이 놋 활을 당기도다"(삼하 22:29-35).

순종으로 하나님을 경험하며 산 다윗에 대한 평가는 참으로 대단해서 그 앞에 서면 나는 부럽기까지 하다. "이는 다윗이 헷 사람 우리아의 일 외에는 평생에 여호와 보시기에 정직하게 행하고 자기에게 명령하신 모든 일을 어기지 아니하였음이라"(왕상 15:5).

하나님의 말씀을 경험한 자들이 많으면 많을수록 교회는 세상에서 영향력을 행사하게 되고 교회는 권세 있는 교회로서의 사명을 감당하게 될 것이다.

3) 순종의 자세와 결과

기적은 순종에서부터 나온다. 모세와 이스라엘 백성이 홍해 앞에서 할 수 있는 것은 아무것도 없었다. 오직 순종뿐이었다. 추격하는 애굽 군대의 위용과 힘 앞에서 순종할 때 홍해를 건너는 기적이 일어난 것이다. 그들이 순종할 때 그들을 쫓아오던 애굽 군대가 홍해 바다 가운데 수장되고 말았다. 순종하는 자는 세상을 이기지만 적당하게 세상과 타협하는 자는 아무것도 얻지 못한다. "나는 이적을 행하기보다 순종하고 싶다"고 한 마틴 루터는 순종의 비밀을 알고 있었다. 그랬기 때문에 로마교황청이 생명을 위협하는 상황 속에서도 종교개혁을 해낼 수 있었던 것이다.

하나님께서 우리에게 요구하시는 순종의 자세는 마음을 다한 순종이다(신 26:16). 마음에서 우러 나오는 순종이야말로 하나님의 마음을 사로잡는 순종인 것이다. 그래서 하나님께서는 순종이 제사보다 낫다고까지 말씀하셨다(삼상 15:22).

마음을 다하는 순종의 결과는 참으로 크다. 순종의 복이 얼마나 다양하고 대단한가를 안다면 순종하지 않고는 견딜 수 없을 것이다. 순종하면 하나님의 사랑을 받게 되고(요 14:23), 영혼이 깨끗해진다(벧전 1:22). 형통하게 되며(수 1:8), 지혜자가 되고(마 7:24), 자손이 복 받는다(신 5:29).

순종하는 자를 통해 하나님의 이름이 널리 알려졌다. 요셉, 다니엘, 모르드개….

순종하는 자를 통해 하나님은 이 세상의 죄인을 의인으로 만드신다. 예수님께서도 순종이 많은 사람을 의인 되게 하셨다.

༄

"한 사람이 순종하지 아니함으로 많은 사람이 죄인 된 것같이 한 사람이 순종하심으로 많은 사람이 의인이 되리라"(롬 5:19).

4) 순종은 지혜

교회를 개척한 지 얼마 되지 않아서 안양 어느 교회에서 후원해 주겠다며 교회 직분자들이 방문한 적이 있다. 교회를 개척한 지 3년쯤 지나서 예배당 건축을 시작한 후였다. 그때 사택은 이웃 교회 권사님 소유의 허름한 집으로 만 원씩 월세를 주고 있었고, 겨우 하루하루 생계를 이어가는 어려운 형편이었다. 흙벽돌로 지은 집이 오래되어 벽은 여러 군데 금이 가 벌어져 있었고 지붕은 오래된 스레트로 비가 오면 방안으로 물이 떨어져 지붕으로 올라가 비닐을 씌워야 했다. 비가 많이 오는 날이면 방에 양동이와 세숫대야를 받쳐야 했다. 교회도 건축을 시작한 지 1년 정도 지났으나 겨우 지하만 짓고 가사용 허가를 받아 사용하고 있었다. 그런 상황에서 후원해 주겠다니 참으로 감사한 일이었다. 아내는 그들을 대접하기 위해 모든 방법을 동원해 음식을 정성껏 준비했다. 평소에 먹어보지 못한 음식들로 상을 가득 채웠다. 나는 내심 후원해 주는 교회가 상에 차려진 음식을 보고 후원할 생각이 없어지면 어떻게 하나 하는 생각이 들었다. 그러나 아내는 남을 대접할 때는 언제나 최선을 다해야 한다고 늘 자신의 소신을 밝혀 왔기 때문에 나는 아무 말도 하지 않았다. 방문한 10여 명의 직분자들은 정성껏 준비한 음식을 맛있게 먹고 교회 건축 현장을 돌아보고 떠났다. 그런데 그 뒤에 아무런 소식이 없었다. 아마 잘 차린 음식상을 보고 생각이 달라진 모양이었다. 지금도 생각하면 웃음만 나오지만 그래도 최선을 다해 대접했으니 하나님께서 대신 갚으시고 공급해 주셔서 지금까지 살아온 것으로 생각한다.

전도사 시절 자칭 장로라는 한 사람이 찾아왔다. 자신은 전라도 어느 지역의 한 대학에 강의하기 위해 가는 중인데 가방을 통째로 잃어버려 대학까지 갈 차비를 좀 도와 달라고 했다. 자그마하게 생긴 사람이 꽤 유식해 보였다. 점심 식사를 대접하고 아내에게 돈이 있으면 좀 달라 해서 차비를 주었다. 그는 몇 번이고 감사하다고 말하며 자신의 주소까지 써 주었다. 그 사람이 간 후 나는 집에 돈이 한 푼도 없다는 사실을 알았다. 누구에게 빌릴 수도 없었다. 그런데 저녁에 집사님 한 분이 시골에서 추수한 것이라고 쌀을 좀 가져왔다. 그뿐 아니라 쌀 포대 밑에 돈봉투까지 들어 있었다. 많은 돈은 아니었지만 그날 낮에 장로에게 준 액수와 똑같은 금액이었다. 하나님은 빚지고 못사시는 분인 모양이다. 반드시 갚아 주시는 하나님이시니 말이다. 후에 안 사실이지만 그 장로는 평택에 있는 교회마다 다니며 도와 달라고 했던 것 같다. 그러나 나는 속았다는 마음이 들지 않았다. 오히려 하나님께 감사드렸다. 비록 속았을는지 몰라도 해야 할 일을 했다는 것 때문에 오히려 감사할 수 있었다. "손님 대접하기를 잊지 말라 이로써 부지중에 천사들을 대접한 이들이 있었느니라"(히 13:2).

사람들은 하나님께 맹목적으로 순종하는 것을 어리석게 보고 광(狂)신도라고 말한다. 그러나 결코 어리석은 일이 아니다. 오히려 지혜롭다. 광(狂)신도가 아니고 정말 광(光)신도이다. 순종하는 성도는 빛의 역할을 감당하여 세상을 밝힐 것이다. 그리고 많은 사람을 주님께로 인도하여 별과 같이 빛날 것이다. "지혜 있는 자는 궁창의 빛과 같이 빛날 것이요 많은 사람을 옳은 데로 돌아오게 한 자는 별과 같이 영원토록 빛나리라"(단 12:3).

순종하는 성도들이 모인 교회는 별과 같이 빛날 지혜자들이 모인 권세 있는 교회로서의 역할을 감당하게 될 것이다.

※

"그러므로 누구든지 나의 이 말을 듣고 행하는 자는 그 집을 반석 위에 지은 지혜로운 사람 같으리니 비가 내리고 창수가 나고 바람이 불어 그 집에 부딪히되 무너지지 아니하나니 이는 주초를 반석 위에 놓은 까닭이요"(마 7:24-25).

전도로부터 시작되는 권세

전도를 통해 한 영혼이 하나님의 가족이 되는 영광을 누리게 된다. 예수님의 십자가와 부활을 알리는 것은 최고의 사랑이며 교회가 가진 권세이다. 이는 바로 영원한 행복을 주는 가장 권세 있는 사역이기 때문이다.

교회가 복음 전하는 권세를 포기한다면 교회이기를 포기한 것이다. 교회가 행정이나 프로그램 또는 성도의 수준 등이 미약해 보여도 복음이 살아 있는 교회라면 진정 교회다운 교회다. 복음을 전하는 교회는 성령의 능력 안에 거하게 된다. 그리고 주님이 함께하심을 경험하게 된다. 교회가 교회의 본질인 복음에는 무관심하고 다른 사역으로 사회와 이웃에게 박수와 인정을 받을지라도 그것은 이미 사탄에게 무장해제 당한 것과 다를 바 없다. 목회자는 복음에 미쳐야 한다. 그렇지 않으면 사탄이 무익한 일로 미치게 할 것이다. 수평이동으로 교인들이 모여드는 것을 좋아하는 어느 목회자는 연말이나 회의 시간만 되면 골머리를 앓고 며칠 동안 기도원으로 향한다고 한다.

한 영혼을 천국으로 이끄는 권세야말로 성도에게 주신 가장 큰 특권이며 축복이다. 이 특권을 교회에 위임해 주셨다. 교회가 위임받은 전도의 권세를 잘 사용하는 것은 죄인들이 용서받고 영원한 행복을 누리는 최고의 권세를 누리는 것이다.

교회 나온 지 1년이 채 안 된 한 성도의 남편이 세상을 떠났다. 그런데 그 남편은 세상을 떠나기 전날 밤 전도 팀으로부터 복음을 받아들이고 큰 소리로 "아멘"이라고 말했다. 이 남자는 단 한번도 교회에 나오지 않았지만 그가 복음을 받아들인 것은 결코 우연히 아니었다. 장례식장에서 만난 그의 딸은 17년 전 청년 시절에 평택대광교회를 통해 복음을 듣고 신앙생활을 시작한 자매였다. 40대 초반이 된 그 자매는 결혼하여 다른 교회에 다니고 있었지만 오래전부터 아버지의 구원을 위해 기도했다고 했다. 그 결과 자매의 어머니는 1년 전에 예수님을 영접했고, 아버지는 세상을 떠나기 하루 전에 예수님을 영접한 것이다. 이처럼 지옥에서 영원한 고통을 맛보아야 할 영혼에게 영원한 천국 안식처를 제공해 주는 길은 오직 전도밖에 없다. 지옥 갈 영혼을 천국으로 인도할 수 있는 것은 오직 권세 있는 복음밖에는 없다. 성도 한 사람이 매년 한 명씩 전도한다면 얼마가지 않아서 그 지역을 복음화 할 수 있을 것이다. 그러나 한 명도 전도하지 않는다면 병든 교회가 되어 얼마가지 않아 교회 문을 닫아야 할 것이다.

예수님께서 이 땅에 오신 이유에 대해 누가복음 4장 43절에서 "예수께서 이르시되 내가 다른 동네들에서도 하나님의 나라 복음을 전하여야 하리니 나는 이 일을 위해 보내심을 받았노라 하시고"라고 말씀하셨다. 이 땅에 계시면서 새벽부터 밤 늦도록 사람들에게 천국 복음을 전파하셨다. 병을 고쳐 주시면서도 예수님의 관심은 영혼 구원에 있었다. 예수님께서 이 땅에 오신 분명한 목적은 바로 영혼 구원이었던 것이다. 그리고 이 땅에서 교회들에게 지상명령을 내리셨다.

"예수께서 나아와 말씀하여 이르시되 하늘과 땅의 모든 권세를 내게 주셨으니 그러므로 너희는 가서 모든 민족을 제자로 삼아 아버지와 아들과 성령의 이름으로 세례를 베풀고 내가 너희에게 분부한 모든 것을 가르쳐 지키게 하라 볼지어다 내가 세상 끝날까지 너희와 항상 함께 있으리라 하시니라"(마 28:18-20).

모든 민속으로 제자 삼으라는 말씀이다. 제자 삼기 위해서 전도해야 하는 것은 초등학생들도 알 수 있는 진리이다. 교회가 전도하지 않는다면 그것은 하나님의 명령에 불순종하는 것이요, 예수님을 따르지 않는 것이다. 전도하지 않는 것은 게으름이며 주님을 사랑하지 않는 것이다. 주님이 주신 전도의 명령을 충성되게 행하는 교회야말로 하나님께서 좋아하시는 교회요 교회다운 교회인 것이다. 주님께서 이 땅에 오신 목적인 영혼 구원의 사역을 계승하는 교회야말로 '그리스도의 몸'으로서 권세를 드러내는 것이다.

십자가의 사랑을 통한 권세

인생의 영원한 보장은 예수님을 만나면서 시작된다. 인생이 가장 중요하게 여겨야 할 것은 예수님과의 만남을 통해 경험하는 하나님의 사랑이다. 하나님의 사랑에 감전된 사람들이 그 사랑을 기억하며 죽기까지 십자가의 사랑을 전하기 위해 세계 곳곳을 누비며 다녔다. 어디를 가도 마음속 깊이 품은 주님의 사랑은 가장 큰 감동이요 삶의 목적이 되었다. 이들의 사랑은 기적을 이루었다. 지역과 시간을 초월하여 전파되었다. 사랑은 사람들을 감동시키는 힘이 있다.

 나치 독일이 독일 전역을 점령하여 사람들을 공포로 몰아넣었던 1941년 스흐르벤에 있는 한 유대인 수용소에 12살 난 유대계 소년이 갇혀 있었다. 아버지는 병으로 죽고 어머니와는 생이별한 이 소년은 매일 반복되는 고된 노동 속에서 지옥 같은 생활을 하고 있었다. 내일을 기약할 수 없는 죽음의 캠프에서 하루는 철조망 바깥의 한 기독교 소녀와 눈이 마주치게 되었다. 마을에 살던 소녀는 소년의 외모에 반하여 매일 철조망 안으로 사과 하나씩을 넣어 주었다. 소년은 사과를 받아먹으면서도 한 마디 말도 할 수 없었다. 독일군의 감시 때문이었다. 몇 달 뒤 이 소년은 체코의 테레진스키 수용소로 이송되며 처음으로 입을 열었다. "다시는 이곳에 못 올 것 같아." 이 말에 소녀가 말했다. "다시는 볼 수 없다는 말이지?" 짧았던 두 사람의 사랑은 여기서 끝났다. 전쟁이 끝난 후 소년은 기적적으로 수용소에서 나와 런던에서 TV기술을 배워 미국 뉴욕에서 직장 생활을 하게 되었다. 그리고 소녀는 이스라엘 간호학교를 졸업하고 역시 뉴욕에서 생활하게 되었다. 하루는 청년이 된 소년의 친구가 저녁식사에 초대해 한 여자를 소개시켜 주었다. 소년은 친구가 몰래 마련한 소개팅으로 만난 그 여자와 이야기를 나누었다. 청년은 밤마다 공포 속에서 기도문을 외웠다고 말했다. 여인은 어릴 적 수용소에 있던 한 소년에게 매일 사과를 주었다고 했다. 청년은 그 말을 듣고 가슴이 뛰기 시작했다. 그리고 큰 소리로 말했다. "그 수용소에 있던 소년이 바로 나예요." 그날 밤 청년은 이 여자에게 청혼했고 두 사람은 1958년 뉴욕시 브롱크스 유대교회에서 결혼했다. 두 사람은 결혼 50주년을 맞았고 이 두 사람의 감동적인 사랑 이야기는 『천사 소녀』라는 동화책으로 발간되었다. 남자의 이름은 '헤르멘 로젠블라트', 여자의 이름은 '로마'라고 한다. 이 동화 같은 사랑은 어린 시절 던져준 소녀의 사과로 시작되었다.

예수 그리스도께서 자신의 생명을 주시므로 시작된 십자가의 사랑은 죄 속에 있는 수많은 사람들에게 새 생명을 준 권세 있는 사랑이 아닐 수 없다.

섬김으로부터 나오는 권세

세상 사람들은 섬김받기 위해 노력한다. 그러나 믿음의 사람들은 섬기기 위해 노력해야 한다. 섬김받기 위해 모인 공동체는 결국 분열과 아픔을 겪게 된다. 그러나 섬기기 위해 노력하는 공동체는 그야말로 천국의 맛을 미리 볼 수 있다. 오늘날 한국 교회의 고민은 섬기는 데 대단히 소극적이라는 데 있다. 서로 섬기기 원하면 교회 내의 아픔은 사라질 것이다. 십자가가 부활의 영광을 가져왔 듯이 섬김과 희생의 결과는 기쁨의 열매를 맛보는 것이다. 너무 쉽게 시작하고 편안함만을 추구하다 보면 성장하지 못하고 정체 현상을 보이게 된다.

개척한 지 1년쯤 되어 학생들과 장년 합쳐 30명쯤 되었을 때 일이다. 이웃 교회 목회자가 자신은 다른 곳으로 임지를 옮기려 하니 두 교회를 합치자는 제안이 왔다. 교인 수도 많았고 역사도 오래 되어 여러 조건이 좋았으나 제안을 거절했다. 개척시의 순수한 각오와 열정이 식을 것 같았기 때문이다.

개척 초에 이런 일도 있었다. 이웃에 있는 큰 교회에서 나온 성도 20여 명이 교회에 등록할 테니 예배처를 큰 곳으로 옮기자고 제안해 왔다. 이 제안 역시 일언지하에 거절했다. 무리를 지어 교회를 옮기는 것 자체도 문제였지만 예배당을 옮기자는 것 역시 탐탁치 않았기 때문이다. 하나님의 나라는 외적인 조건과 성장에 있지 않고 먼저 하나 되는 데 있다는 것을 알았기 때문이다. 또한 섬김의 자세 없이 자신의 주장만 내세우는 사람들과 함께 사역할 자신이 없었기 때문이기도하다.

1) 섬김으로 사역을 시작하신 예수님

섬김으로 시작된 예수님의 사역은 가는 곳마다 열매를 맺었다. 예수님은 자기 목숨까지도 대속물로 내어 놓으셨다. "인자가 온 것은 섬김을 받으려 함이 아니라 도리어 섬기려 하고 자기 목숨을 많은 사람의 대속물로 주려 함이니라"(마 20:28). 그 결과 죄로 인해 하나님 앞에 나아갈 수 없게 만든 장막이 무너지게 되었다.

섬기는 자들이 있는 곳에는 화해와 평화가 있다. 그리고 안식과 기쁨이 있다. 그러나 사람의 마음속 깊은 곳에서 꿈틀거리는 명예욕은 많은 사람들을 아픔과 고통 속으로 몰아넣는다. 예수님께서는 제자들의 높아지고자 하는 마음에 대해 마지막까지 경계하셨다. 성만찬 석상에서 서로 자신이 잘났다고 다투는 모습을 보시면서 예수님은 다시 한 번 훈계하셨다. 섬김으로 세워지는 것이 하나님의 나라요, 하나님의 권세임을 알려 주신 것이다.

교회 내에 흐르는 영성이 섬김의 영성이 되지 않으면 교회로서의 역할을 감당할 수 없다. 섬김으로 시작하는 사역은 풍성한 열매가 보장되는 반면, 섬김을 받기 위해 시작한 사역은 욕심이 개입되어 죄를 낳고 사망으로 가게 됨을 알아야 한다.

또한 섬김으로 시작해도 그 마음에 잘못된 의도가 깔려 있으면 영적인 열매를 맺지 못한다. 그러므로 예수님처럼 끝까지 종의 자세를 유지하는 것이 하나님 앞에서 성공적인 삶을 사는 지름길이 된다.

"이와 같이 너희도 명령받은 것을 다 행한 후에 이르기를 우리는 무익한 종이라 우리가 하여야 할 일을 한 것뿐이라 할지니라"(눅 17:10).

2) 하나님 나라의 리더십은 섬김의 리더십

하나님 나라의 리더십은 이 세상의 리더십과 반대되는 섬김의 리더십이다. 하나님 나라에서는 섬기는 자를 지도자라고 한다. 그리고 섬김의 리더십으로 이 땅을 복음화 하고 구원해 나간다. 섬기는 리더십을 가진 자는 개인의 유익과 영광에는 욕심이 없다. 오직 겸손과 헌신만이 있을 뿐이다. "너희 중에 큰 자는 너희를 섬기는 자가 되어야 하리라"는 마태복음 23장 11절 말씀처럼 섬김을 통해서만 하나님이 인정하시는 진정한 리더가 될 수 있다. 직분이나 경력을 가지고 일시적으로 이끌어 갈 수는 있지만 진정한 리더십은 발휘할 수는 없다.

예수님으로부터 책망받았던 바리새인과 서기관들에게는

섬기는 리더십이 없었다. 그들은 군림하는 것이 지도자라고 생각했다. 예수님은 모든 성도가 섬기는 리더십을 통해 어둡고 불안한 이 세상을 이끌어 나가기 원하신다. 소금이 자신을 희생할 때 맛을 내듯이 섬기는 자는 매력이 있다. 섬기는 자들을 통해 이웃에게는 영향력을 끼치고, 내부적으로는 넘치는 사랑으로 결속을 다지고, 수많은 영혼들을 구원하는 매력 있는 교회가 되는 것이다.

3) 섬김으로 세워지는 하나님 나라 공동체

섬기는 자가 가지는 의식 중에 하나가 지체의식이다. 지체의식을 가지면 다른 지체를 섬기므로 건강한 몸을 세우게 된다. 지체의식을 가진 자가 많은 교회는 건강한 교회이다.

교회 내의 모든 직분은 그리스도의 몸인 교회를 세우기 위함이다. "이는 성도를 온전하게 하여 봉사의 일을 하게 하며 그리스도의 몸을 세우려 하심이라"(엡 4:12). 이처럼 교회는 섬김의 공동체이다. 섬기지 않는 교회는 교회의 역할을 감당할 수 없다. 그러므로 교회의 모든 직분은 섬김의 직분이다. 직분을 통해 교회 내에 섬김의 문화가 뿌리 내리게 되고 섬김의 문화는 갈등과 다툼이 없는 평화로운 공동체를 만든다.

섬김의 문화가 정착되면 무질서에서 질서 있는 공동체가 된다. 교회 내의 아픔은 왕이 되고자 하는 사람들 때문에 발생한다. 섬김의 자세가 없는 자는 평소에는 잘하는 것처럼 보이다가도 자신보다 나은 사람이 없다고 생각이 드는 순간 왕의 행세를 하려고 한다. 다른 사람들을 하대하거나 가르치는 자리에 올라가려고 한다. 이렇게 기회를 엿보아 왕의 자리에 올라가려는 사람들 때문에 교회가 아픔을 겪는다. 이런 경우 대부분은 직분에 대한 욕심으로 나타나거나 아니면 자신의 영역을 확보하기 위해 자기 사람들을 만든다.

사탄은 왕으로 섬김을 받으려 하는 사람을 계속해서 물색하고 이들을 통해 하나님 나라의 사역을 방해하기 위해 끊임없이 노력하고 있다. 그러므로 섬김의 자세가 없는 자들은 누구든지 왕이 되고자 하는 사탄의 유혹에서 자유로울 수 없다. 교회 내에서 왕이 되면 결국 하나님과 대적하는 결과를 가져와 자신과 가족 모두에게 치명적인 상처를 입히고 만다.

"그러나 더욱 큰 은혜를 주시나니 그러므로 일렀으되 하나님이 교만한 자를 물리치시고 겸손한 자에게 은혜를 주신다 하였느니라"(약 4:6).

주님은 겸손과 섬김의 축복, 교만과 섬김 받기 원하는 것을 대조해서 말씀하셨다. 세월이 가도 한결같이 섬김의 자세를 가진 자는 참으로 복된 자이다. 사탄이 넘볼 수 없는 좋은 영성을 가진 자이기 때문이다. 교회가 섬김의 공동체가 될 때 권세 있는 교회로서의 역할을 감당할 수 있음을 기억하고 모든 성도는 섬기는 지체가 되어야 한다.

4) 섬김의 문화, 교회에 뿌리 내리기

교회의 가장 이상적인 문화는 섬김의 문화이다. 교회 내에 섬김의 문화가 자리 잡지 못하면 자연스럽게 세상의 문화가 자리 잡게 되고 커튼 뒤에 숨어 기회를 엿보는 사탄이 교회를 자기 의도대로 움직이려고 할 것이다.

교회 내의 다툼과 불만의 대부분은 섬김의 자세가 없기 때문이다. 섬김의 모델은 예수님이시다. 예수님께서 이 땅에 오셔서 섬기신 것은 자신을 위한 어떤 목적도 없었다. 단지 영혼에 대한 사랑으로 섬기셨다. 가장 귀한 생명까지 내어 주셨다.

교회 내에서 가장 문제가 되는 것이 물질이다. 사람들이 물질을 사랑하므로 물질에 대한 관심이 많다. 그러므로 하나님을 향한 진정한 섬김은 물질을 포기하는 것이다. "한 사람이 두 주인을 섬기지 못할 것이니 혹 이를 미워하고 저를 사랑하거나 혹 이를 중히 여기고 저를 경히 여김이라 너희가 하나님과 재물을 겸하여 섬기지 못하느니라"(마 6:24). 물질로 섬기지 않는 자들은 불평하고 원망한다. 몸으로 섬기고 재능으로 섬겨도 물질로 섬길 수 없다면 온전한 섬김이라고 할 수 없다. 물질에 대한 욕심을 가진 자는 명예에 대한 욕심도 함께 가진 자라고 할 수 있다.

진정한 섬김은 내려놓는 것이다. 물질에 대한 욕심을 내려놓아야 교회가 건강해진다. 주님께 드린 헌금을 돈으로 생각하는 사람은 돈이 가는 곳에 눈과 마음을 집중한다. 그리고 돈이 사용되는 것에 관심을 가진다. 그러나 섬김의 자세를 가진 자는 물질에서 영혼 구원으로 관심이 옮겨지게 되고 자신이 드린 물질이 하나님께 쓰임받는 것에 감사하는 자세를 가지게 된다. 사역을 할 때마다 돈 문제로 시끄러운 교회는 성도가 물질을 아직도 하나님보다 더 중요하게 생각하고 있기 때문이다. 교회 내 섬김의 문화가 정착되려면 물질로 섬기는 분위기가 형성되어야 한다.

평택대광교회의 경우 섬기는 문화가 정착되어 있다. 주일 낮 예배 후 새가족들과 찬양단을 위한 식사 준비를 각 순(구역)에서 돌아가며 섬긴다. 지금은 전통으로 자리 잡았지만 초기에는 저항도 있었다. 특히 다른 교회에서 옮겨온 기존 성도들이 불평을 하였다. 교회 재정은 어디에다 쓰고 우리가 물질까지 봉사해야 하느냐는 것이다. 한두 사람은 점심 봉사 때문에 불평하며 다른 교회로 옮기기도 했다. 그 외 모든 부서에서 물질로 섬기는 문화가 정착되어 있다. 모든 섬김이들은 시간과 재능 그리고 물질로 섬긴다. 놀라운 것은 물질을 받고 일하던 유급직원들보다 무보수의 섬김이들에게서 더 큰 기쁨과 감사가 있음을 발견할 수 있다는 것이다. 이는 하나님 나라에서 받을 상급에 대한 확신과 주님이 주신 은혜 때문일 것이다. 섬김은 결코 빼앗길 수 없는 기회요, 축복임을 아는 자만이 섬김의 자리에 설 수 있다.

또한 지금껏 물질 봉사 때문에 물질의 어려움을 겪는 것은 보지 못했다. 오히려 하나님께서 더욱 풍성하게 물질로 채워 주신 예는 참으로 많다. 물질의 공급자는 하나님이시다. 하나님께서 주신 물질을 하나님 나라의 일을 위해 사용하는데 하나님께서 더욱 풍족하게 채워 주시는 것은 지극히 당연한 일이다. 주님께 드리고자 하는 마음을 가지면 하나님께서는 하늘의 문을 열어 공급해 주신다. 물질로 섬기는 것이 하늘나라 창고에 영원히 저축하는 것임을 안다면 섬김 자체에 대해 적극적인 자세를 가질 수밖에 없다.

예수님께서도 물질로 섬긴 자들을 칭찬하셨다. 예수님께서 베다니 문둥병자 시몬의 집에 계실 때 향유 한 옥합을 부은 여인에 대해 마태복음 26장 13절에서 제자들에게 "내가 진실로 너희에게 이르노니 온 천하에 어디서든지 이 복음이 전파되는 곳에서는 이 여자가 행한 일도 말하여 그를 기억하리라 하시니라"고 하셨는데 이는 이 여인의 섬김을 구속사의 한 모퉁이가 될 만큼 귀한 일로 보신 것이다. 실제로 건강한 교회가 되어 많은 사람을 주님께로 인도하는 구원의 역사는 이런 섬김의 사람들로 인해 이루어지는 것을 볼 수 있다.

"주라 그리하면 너희에게 줄 것이니 곧 후히 되어 누르고 흔들어 넘치도록 하여 너희에게 안겨 주리라 너희가 헤아리는 그 헤아림으로 너희도 헤아림을 도로 받을 것이니라"(눅 6:38).

"너희 소유를 팔아 구제하여 낡아지지 아니하는 배낭을 만들라 곧 하늘에 둔 바 다함이 없는 보물이니 거기는 도적도 가까이 하는 일이 없고 좀도 먹는 일이 없느니라"(눅 12:33).

기도로부터 나오는 권세

1) 새벽기도

새벽은 하루 중 기도하기 가장 좋은 시간이다. 주님께서도 새벽에 기도하셨다(막 1:35). 요한 웨슬레는 새벽마다 기도했으며, 마틴 루터는 "나는 하루 새벽에 2시간 이상 기도하지 않으면 마귀에게 지는 생활을 한다"고 말했다. 새벽기도를 통해 한국 교회가 누린 축복은 이루 말할 수 없다.

평택대광교회 개척 초기 8평 남짓한 2층 예배당은 난방 시설이 전혀 되어 있지 않았다. 새벽에 일어나 사택 연탄을 갈고 위쪽 연탄을 가지고 예배당으로 가서 난로에 옮겼다. 사택에서 교회까지는 걸어서 5분 거리여서 그렇게 힘들지는 않았다. 새벽에 나오는 성도들은 한두 명에 불과했다. 어떤 때는 아내와 단 둘이서 예배드리는 경우도 많았지만 새벽기도를 쉬지 않았다. 제자훈련을 밤늦게까지 하고도 그 다음날 새벽예배를 인도했다. 몸이 피곤하면 낮에 10-20분 정도 눈을 붙였다. 체력에 대한 한계로 월요일 새벽예배 인도를 쉰 적도 있다. 그런데 목사가 새벽기도를 쉬는 월요일에도 쉬지 않고 새벽에 나오는 성도를 보며 1년 만에 다시 월요일 새벽예배를 인도하기 시작했다. 새벽예배를 위해서는 미리 준비해야 한다는 생각에 무슨 일이 있어도 밤 10시 30분에서 11시까지는 취침하는 것을 원칙으로 정해 놓고 지키려고 한다.

제자훈련생들에게도 새벽예배를 권하고 있다. 늦게 자고 늦게 일어나는 사람이나 체력이 약하여 일찍 일어나지 못하던 사람도 제자훈련을 통해 새벽형 성도로 바뀌는 것을 보면 참으로 신기하다는 생각이 든다.

새벽예배의 유익은 참으로 많다. 새벽 시간에는 성경 강해를 한다. 교회에서 사용하는 큐티집에 나오는 본문으로 새벽예배를 인도하므로 교인들의 큐티와 보조를 맞춘다. 월간 큐티집을 가지고 새벽예배를 인도하다 보니 4-5년에 한 번 정도 성경 전체를 보게 되는 장점이 있다. 그리고 새벽예배에 참여하는 성도들의 영적 수준은 일주일에 한 번 주일예배만 참석하는 성도들과 비교할 수 없다.

2) 중보기도

교회에서 반드시 해야 할 사역이 중보기도이다. 2000년 9월에 시작한 중보기도 사역은 교회의 모든 사역에 힘을 불어넣었다. 그리고 교인들의 문제를 해결해 주었다. 중보기도학교를 수료한 중보기도단 섬김이들이 오전 9시부터 오후 6시까지 중보기도실에서 교회를 위해, 예배와 훈련을 위해, 목회자와 성도를 위해, 그리고 나라와 민족, 세계선교를 위해 한 시간씩 기도한다. 중보기도는 교회를 공격하는 사탄의 공격을 미리 막는 방패의 역할을 한다. 중보기도를 통해서 누린 은혜는 참으로 크다.

예배당 건축을 위한 중보기도는 참으로 놀라운 은혜를 경험케 했다. 예배당 공사 중 십자가 공사를 할 때 일이다. 무게가 12톤이나 되는 대형 철재 십자가였다. 이 십자가를 종탑에 달기 위해서는 대형 크레인이 필요했다. 새벽부터 전 성도는 십자가 설치를 위해 기도했다. 그런데 공사 도중 크레인이 파손되면서 십자가가 떨어지는 일이 발생했다. 대형 십자가

가 떨어지는 소리는 500미터 이상 떨어진 아파트에까지 들릴 정도였고 잠시 후 소방차들이 달려왔다.

그런데 놀랍게도 십자가는 주변에 있던 콘테이너 사무실과 차량들을 피해 아주 비좁은 공간으로 떨어졌다. 다행히 크레인 기사도 무사했다. 만약 대형 십자가가 예배당 벽에 돌을 붙이는 5-6명의 인부들을 지탱하던 나무를 쳤다면 대형 사고로 많은 인명 피해가 날 수도 있었다. 그러나 하나님께서는 단 한 사람도 다치지 않게 해주셨다. 이후 십자가는 가벼운 소재로 바꿔 종탑에 달았다. 지금 생각해도 아찔하다. 예배당 공사를 위해 합심으로 기도한 중보기도의 위력을 실감하며 하나님께 감사와 찬양을 드렸다. 그 사고 이후로 대형 크레인만 보면 그때 기억이 떠올라 감사가 절로 나온다.

중보기도로 누린 축복은 글로 다 표현할 수 없다. 목회를 하며 당하는 아픔과 어려운 일들을 앞에 두고 왜 마음에 동요가 없겠는가? 그럴 때마다 중보기도단의 기도야말로 천군만마를 얻는 것보다 더 큰 힘이 되었다. 피터 와그너는 그의 저서 『방패기도』에서 중보기도는 사역을 증진시킨다고 말했다. 네바다 교회 성장 연구소 소장이며 중보기도 지도자인 낸시 파프(Nancy Pfaff)는 130명의 목사와 부흥사 그리고 선교사를 조사했다. 이들을 위해 훈련받은 중보기도자들이 일 년 동안 매일 15분씩 기도한 결과 89%의 목사들이 중보기도 때문에 목회가 효과적으로 변했다고 한다. 파프는 교회 지도자를 위해서 주간 혹은 월간 기도보다 매일 드리는 기도가 효과적이라고 했다.

플로리다 코랄릿지 장로교회에서 시작된 전도폭발훈련을 평택대광교회에서도 1991년부터 시작하여 많은 결신자를 얻고 있다. 전도폭발훈련에 참여하는 훈련생들에게는 두 명의 중보기도자들이 집중 기도를 해준다. 그 결과 많은 결신자들을 얻게 되었다. 실제로 코랄릿지 장로교회에서는 중보기도자들의 집중 기도를 받은 전도자들이 기도 후원을 받지 못한 자들보다 두 배의 결신율을 보였다고 한다. 나는 이 사실에 전적으로 동감한다. 중보기도의 축복, 중보기도의 능력을 경험한 자는 중보기도 사역의 끈을 결코 놓지 않는다. 모든 교회가 중보기도 사역으로 부흥과 회복의 역사가 일어나기를 소원해 본다.

6. 권세로 세상을 변화시킨 제자들

예수님께서 위임하신 사역은 제자훈련으로부터 시작되었다. 3년 동안 훈련받은 제자들은 주님의 마음과 열정을 안고 세상으로 나가 복음을 전했다. 제자들과 함께한 예수님의 훈련은 입체적인 훈련이었다. 강의와 현장 수업이 조화를 이루었다. 요즘 교회에서 행하는 제자훈련보다 훨씬 강도 높은 훈련이었을 것이다. 제자훈련은 권세 있는 교회로 가는 첫 출발점일 뿐 아니라 완성이라고 할 수 있다. 제자훈련받은 제자들이 열매로 그것을 보여 주고 있다. 바로 우리 자신이 그 열매가 아닌가?

예수님께서 부활하셔서 하신 지상 최후의 명령인 "너희는 가서 모든 민족으로 제자를 삼아"라는 말씀에 순종하므로 제자들은 세상을 변화시키기 시작했다. 예수님으로부터 직접 명령을 받은 제자들은 사도 요한만 빼고 모두 순교했다. 그들의 순종은 눈물겨운 아픔과 고난의 연속이었지만 그 권세는 가는 곳마다 수많은 사람들을 주님께로 인도했다. 제자들은 주님이 주신 권세를 가지고 기죽지 않고 담대하게 복음을 전했다. 세상의 권세도, 핍박도 그들의 복음을 막을 수 없었다. 이 땅 최고의 가치인 생명을 포기하면서까지 복음을 전했다. 복음의 열정으로 불타오른 제자들은 주님이 주신 권세로 무장하여 세계 곳곳으로 나아가 복음의 열매를 거두었으며 2천여 년이 지난 오늘, 우리가 이 복음의 특권을 누리며 살고 있다.

어느 날 밤 대학병원 옆을 지나게 되었다. 웅장한 건물은 환한 불빛으로 어두움을 밝히고 있었다. 병실 안에서 살기 위해 사투를 벌이고 있을 수많은 사람들을 생각하니 생명의 존귀함이 새삼 절실히 느껴졌다. 이 땅에서 좀 더 오래 살기 위해 혈투를 벌이는 사람이 있는가 하면 그 귀한 자신의 생명을 포기한 채 영생의 복음을 전하기 위해 영적인 전투를 벌이는 사람들도 있다. 그들 때문에 이 세상은 아직도 소망이 있는 것이다. 아무리 불러도 좋은 복된 예수를 전할 때 이 세상은 변할 것이다.

지역을 장악하는 권세

아직도 복음이 들어가지 못한 미전도 종족이 많다고 한다. 그들에게 복음을 전할 수 있는 길은 하나님의 권세 앞에 순종하는 것이다. 하나님의 권세 앞에 순종할 때 지역뿐 아니라 열방을 향해 나아가게 된다. 예수님의 제자들이 가는 곳마다 복음의 열매를 얻은 것처럼 우리도 복음으로 이 세상을 장악해야 한다.

복음의 권세를 확신하고 나아갔던 문준경 전도사는 전라남도 신안 일대의 섬을 돌아다니며 복음을 전하여 100여 교회와 100여 명의 목회자와 신앙의 인물을 배출하였다. 특히 증도라는 섬에는 주민의 90%가 복음을 받아들이는 대한민국 최고의 복음화 율을 나타내고 있다. 이는 문준경 전도사의 사랑의 섬김과 타오르는 전도의 열정이 있었기에 가능했다.

여수 지역에 가 보면 유난히 큰 교회가 많고 복음화 율이 30%에 이른다. 이 역시 우연이 아니다. 사랑의 원자탄의 주인공 '손양원 목사'가 순교의 피를 흘린 곳이다. 특히 손양원 목사의 애양원과 순교 유역지는 지금도 그리스도인들뿐 아니라 일반인들까지 찾는 유적지가 되었다.

복음을 위해 뿌린 피는 결코 헛되지 않는다. 헌신된 제자 한 명은 한 지역과 민족을 살리는 영향력을 끼친다.

시간을 넘나드는 권세

복음 전파는 미래를 준비하는 사역이다. 복음의 권세를 붙잡은 사도 바울이 로마 감옥도 두려워하지 않고 복음을 전한 결과 오늘날 유럽과 미국 그리고 우리나라까지 복음의 은혜를 누리고 있다. 2000년 전 제자들이 확신한 복음의 권세는 오늘날까지 우리에게 영향력을 끼치고 있는 것이다.

복음의 권세는 시간을 초월하여 미래를 준비하는 것이다. 하나님은 이 사실을 이미 말씀하셨다. 자녀에게 하나님의 말씀을 부지런히 가르치면 후손에게까지 하나님의 복이 임할 것이라고 하셨다.

"그런즉 너는 알라 오직 네 하나님 여호와는 하나님이시오 신실하신 하나님이시라 그를 사랑하고 그의 계명을 지키는 자에게는 천 대까지 그의 언약을 이행하시며 인애를 베푸시되"(신 7:9).

지금은 자녀들의 신앙 교육이 가장 시급한 때라고 할 수 있다. 인터넷과 대중문화는 안방까지 죄의 씨앗을 뿌리며 자녀들을 유혹한다. 이제는 초등학생만 되어도 욕설과 비속어가 일반화 되었다. 그리고 도덕과 윤리 관념이 사라져 가고 있다. 예전 같은 충효 사상은 찾아보기 어렵다.

1999년 4월 20일 미국 콜롬바인 고등학교에서 에릭과 딜란이라는 두 학생이 교내에서 총을 마구 쏘아 12명의 학생과 교사 한 명을 죽게 한 사건은 미국뿐 아니라 전 세계를 경악시켰다. 그런데 이 두 학생은 마릴린 맨슨(Marilyn Manson)의 팬이었다. 마릴린 맨슨은 1990년 미국 플로리다에서 결성된 5인조 인더스트리얼 록(industrial rock, 소음에 가까운 기계음과 테크노, 헤비메탈이 복합된 무정형 록 음악으로 읊조리거나 분노에 차 절규하는 보컬이 특징이다)의 리더였다. 이 그룹은 영화배우 마릴린 먼로와, 집단 살해 사건의 주역이며 사이비 종교의 교주인 찰스 맨슨의 이름을 합성하여 '마릴린 맨슨'이란 그룹명을 지었다고 한다. 이들은 기독교 파괴를 부르짖는 노래와 선정적인 공연으로 청소년들을 열광시키고 있다. 특히 이들이 무대에서 자신의 몸을 흉기로 자해하거나 변태적인 성행위 장면을 연출하고 적그리스도의 찬가를 거침없이 부를 때 관중들은 열광했다. 이들은 서태지 컴퍼니가 기획한 록 페스티벌 2008에 초청되기도 했다. 청소년들에게 스타들은 신과 같은 존재로 부각되고 있다. 어느 여학생이 고백한 내용이다. "나는 요즘 락과 메탈이 땡긴다. 얼마 전 서태지 콘서트에서 초등학교 선생님이 춤추고 계신 것을 보았다. 나도 미친 상황이었다. 마릴린 맨슨은 자극적이지만 나는 이미 팬이 되어버렸다. 노래 가사가 악마 숭배적이라며 사람들은 욕하지만 그의 음악을 함께 즐길 수 있으니 재밌다."

오늘날의 충격적인 범죄 뒤에는 헤비메탈, 비디오, 게임, TV, 불량 만화 등이 있음을 알아야 한다. 특히 인기 있는 가수들이 부르는 노래의 가사 내용은 참으로 충격적인 것이 많다. 이들의 가사 가운데는 폭력과 성폭행을 부추기는 내용도 많은데 이런 노래를 매일 핸드폰으로 듣는다면 그 결과를 가히 짐작해 볼 수 있다.

2007년에 일어난 버지니아 공대 참사사건의 범인인 조승희는 '권총 두 자루' 만으로 짧은 시간 동안 32명을 사살했다. 조승희는 자살하기 전 언론사에 보낸 편지에서 콜럼바인 고교 집단 살인의 두 범인을 '순교자'로 지칭했으며, 편지와 함께 보낸 사진 중에 망치를 들고 있는 모습이 박찬욱 감독의 영화 "올드 보이"를 연상시킨다고 뉴욕타임스 등이 보도하기도 했다.

2008년 10월에 일어난 논현동 고시원 방화 살인사건의 범인은 불을 지른 뒤 숨어서 기다리다가 피신하는 사람들을 칼로 난자해 6명을 죽이고 4명에게 중상을 입혔다. 범인은 영화 "달콤한 인생"의 주인공이 멋있어 보여 범행을 준비했다고 진술했다.

잘못된 대중문화는 사람들에게 부정적 영향을 끼쳐 많은 사람을 고통 속으로 몰아넣고 사회를 병들게 만든다. 오늘날 세상의 영화가 폭력적이고 선정적일수록 인기가 있다는 사실은 참으로 안타까운 일이 아닐 수 없다. 이런 대중문화의 영향을 받고 자라는 우리의 자녀들을 위해서 교회가 무엇을 해야 할지 깊이 고민해 보아야 할 것이다.

유대인들은 어렸을 때 오전에는 모세오경을 가르치고 오후에야 일반 과목을 가르쳤다고 한다. 그 결과 유대인들은 이 세상에서 가장 영향력 있는 민족으로 남아 있다. 하나님을 바로 알고 하나님을 경외하는 믿음의 자녀들이 복음으로 무장하고 세상을 향해 나아간다면 세상이 감당할 수 없는 지혜자가 될 것이다.

"여호와를 경외하는 것이 지혜의 근본이요 거룩하신 자를 아는 것이 명철이니라"(잠 9:10).

우리의 자녀들도 이런 믿음의 자녀들이 되어 미래를 이끌어야 한다. 요셉은 애굽에 하나님의 영광을 드러냈다. 다니엘은 바벨론과 바사의 두 나라를 형통케 한 장본인이 되었다(단 6:28). 온전한 믿음을 가진 주님의 제자 한 명은 명목상의 교인 수백만 명이 하지 못하는 일을 할 수 있다. 우리의 자녀들이 온전한 믿음으로 장성하여 정치, 경제, 문화, 사회, 예술 등 각 분야에서 빛과 소금의 역할을 감당한다면 우리 조국의 미래는 밝을 것이다. 그러므로 교회와 성도는 믿음의 자녀를 교육하는 일에 온 힘을 기울여야 한다. 우리의 자녀들이 어려서부터 제자의 삶을 살 수 있도록 가르쳐야 한다. 그것이 우리 민족이 살 길이다.

초창기 선교사들이 교육을 통해 이 땅을 개화시키고 복음을 심었다면 이제 한국 교회는 자녀 교육에 적극적으로 나서야 할 때이다. 요즘 공교육을 불신하여 대안학교들이 곳곳에 세워지고 있다. 단지 공교육을 불신하는 차원을 넘어 주 안에서 분명한 목적과 믿음으로 바른 교육을 시킨다면 다시 한 번 영적인 부흥을 경험할 수 있을 것이다.

평택대광교회에서는 이 일을 위해 오래전부터 준비하여 자유기독학교(Liberty Christian School)를 개교하였다. 하루를 큐티로 시작하고 성경 읽기와 성구 암송, 잠언 쓰기와 암송, 제자훈련으로 신앙교육을 하고 있으며, 인격적인 사람으로 키우기 위해 독서와 인성교육을 하고 있다.

주님의 제자는 하루아침에 만들어지지 않는다. 건강한 가정과 교회에서 바른 신앙교육이 기초가 되어야 한다. 제자들과 함께 일하신 주님은 오늘도 제자를 찾고 계신다.

"너희가 열매를 많이 맺으면 내 아버지께서 영광을 받으실 것이요 너희는 내 제자가 되리라"(요 15:8).

7. 성도에게 주신 권세

하나님은 보잘 것 없는 우리를 대단한 위치까지 올려 주셨다. 하나님의 자녀라는 신분을 주신 것이다. 한 나라를 다스리는 왕의 자녀인 왕자와 공주의 위치도 대단한데, 하물며 하나님의 자녀라는 신분은 얼마나 대단한가! 우리를 하나님의 자녀로 삼아 주신 것은 너무나 황송한 일이 아닐 수 없다. 히브리서 1장 14절을 보면 하나님의 자녀라는 우리의 신분 때문에 천사들이 우리를 섬기기까지 한다고 말씀한다. "모든 천사들은 섬기는 영으로서 구원받을 상속자들을 위하여 섬기라고 보내심이 아니냐." 이 얼마나 놀라운 일인가!

하나님 자녀가 가진 권세

예수님을 믿는 순간 성도는 하나님의 자녀로서 권세를 소유하게 된다. 요한복음 1장 12절을 보면 "영접하는 자 곧 그 이름을 믿는 자들에게는 하나님의 자녀가 되는 권세를 주셨으니"라고 말씀한다. 여기서 '권세'는 헬라어 '엑수시아'로 하나님의 절대적인 권능, 또는 하나님이 예수님에게 주신 절대적인 권한과 힘을 말한다. 하나님의 자녀가 얼마나 대단한 권세를 가진 자인지 알게 된다면 이 세상에서의 삶이 달라질 수밖에 없을 것이다. 하나님의 자녀가 누리는 몇 가지 축복에 대해 살펴보겠다.

첫째, 하나님 자녀라는 신분에 대한 확실한 보장이다.
한번 하나님의 자녀가 되면 그 신분은 영원히 보장받는다. 예수 그리스도를 통해 하나님의 자녀가 된 것은 일시적인 자녀가 아니라 영원한 자녀인 것이다. 예수님을 인격적으로 영접하면 하나님의 자녀라는 자리를 누군가에게 빼앗기거나 그 자리가 흔들리거나 하지 않는다. 하나님 나라의 법으로 보장받기에 하나님의 자녀라는 신분에 대해 의심하거나 염려할 필요가 없다. 예수님은 요한복음 10장 27-29절에서 이 사실을 분명히 말씀한다.

"내 양은 내 음성을 들으며 나는 그들을 알며 그들은 나를 따르느니라 내가 그들에게 영생을 주노니 영원히 멸망하지 아니할 것이요 또 그들을 내 손에서 빼앗을 자가 없느니라 그들을 주신 내 아버지는 만물보다 크시매 아무도 아버지 손에서 빼앗을 수 없느니라."

둘째, 하나님 자녀들에게 주시는 선한 자부심이다.

자신이 하나님의 자녀라는 사실을 알게 되면 그때부터 삶이 달라질 수밖에 없다. 고등학교 다닐 때 친하게 지낸 한 친구가 육군사관학교에 입학했다. 입학하고 나서 가장 친한 친구나 가족을 초청하는 날 행사에 나를 초청한 적이 있다. 그때 처음으로 육군사관학교를 방문하여 여러 곳을 구경하며 즐거운 시간을 보냈다. 식사 때가 되어 함께 버스를 타고 식당으로 이동하던 중 버스 안에 빈자리가 있어 친구에게 앉으라고 권하자 친구는 "사관생도는 앉아서 가는 것이 아니야"라며 앉지 않았다. 나는 자리에 앉으면서 마음속으로 '사관생도로서의 자부심이 대단하구나'라고 생각했다. 사관생도들은 술과 담배를 하지 않는다. 그리고 예의범절 지키는 것을 자부심으로 여긴다.

미국 공화당 대통령 후보였던 매케인의 가문은 전통적인 해군 가문이다. 할아버지 매케인 1세는 해군 사성장군으로 태평양전쟁의 과달카날 전투와 레이트 해전을 승리로 이끈 영웅이었다. 과달카날 전투는 태평양을 주름잡던 일본에게 미국이 처음으로 승리한 전투로, 그는 제2차 세계대전을 종식시키는 미국 해군의 신화를 만들어 냈다. 그의 아버지 매케인 2세 역시 훌륭한 군인으로 도미니카의 공산화를 막아내고 모든 군인의 소망인 유럽 미 해군 총사령관이 되었다. 특히 매케인 2세는 아들 매케인이 하노이에 포로로 잡혀 있을 때 태평양 총사령관으로 하노이 상공에 B52를 보내 대규모 폭격 명령을 내렸다. 아들이 죽을 수도 있었지만 민주주의와 자유를 수호하는 것이 아들의 생존보다 더 중요했기 때문이다.

훌륭한 업적을 이룬 해군 가문이 되기까지 군인으로서 자부심이 큰 역할을 했다. 매케인 2세는 뚜렷한 장교관을 가졌는데, 장교는 거짓말을 하거나 남을 속여서는 안 되고, 한번 한 약속은 하늘이 무너져도 지켜야 하고, 자신의 행동에 따른 결과는 반드시 받아들여야 하는 신사도를 지켰다. 명예는 장교의 생명이라고 믿었던 것이다.

하나님의 자녀들은 선한 자부심을 가져야 한다. 선한 자부심을 가지면 여유를 가지고 상대방을 배려할 수 있다. 다른 사람을 향한 희생과 봉사를 할 때 이익을 따져선 안 된다. 하나님 아버지에 대한 확신으로 어떤 일을 당해도 위축당하지 않는다. 선한 자부심으로 어떤 경우도 악과 타협하지 않고 바르게 행한다. 성도가 권세 있는 하나님의 자녀라는 자부심을 가진다면 이 세상은 변할 것이다.

셋째, 하나님 자녀는 하나님 아버지로부터 공급을 받는다.
예수님을 믿는 사람은 하나님을 향하여 아버지라고 부르면서 자주 염치없는 부탁을 한다. 그러나 자녀이기에 마땅히 구할 수 있는 것이다. 하나님이 예수님의 십자가 사랑을 통해 우리를 그분의 자녀로 삼으신 것은 아버지로서 자녀의 필요를 공급하겠다는 약속이다. 자녀들은 아버지에게 요구 사항이 많다. 전혀 미안한 기색 없이 무언가를 구한다. 이는 아버지이기에 당연하다고 생각하기 때문이다. 그리고 아버지는 힘닿는 대로 최선을 다해 자녀에게 이를 공급해 주어야 한다.

안타깝게도 예수님을 믿지도 않는 사람이 하나님께 달라고 아우성을 치는 경우가 있다. 그러다가 침묵하시면 "하나님은 어디 있는 거야?"라고 묻는다. 옆집 아이가 와서 "아저씨, 자가용 한 대만 사 주세요"라고 한다면 아마도 "애야, 네 아버지께 사달라고 해라"라고 대답할 것이다. 아버지는 자녀에게 보호자요, 자랑이요, 소망이다. 우리 하나님 아버지께서도 그렇다. 그래서 그런지 하나님은 너무 주고 싶어 하신다. "자녀들아, 제발 내게 구해라. 그러면 내가 너희에게 얼마든지 공급해 주마." 예수님은 이 사실을 분명하게 말씀하신다.

❊

"구하라 그리하면 너희에게 주실 것이요 찾으라 그리하면 찾아낼 것이요 문을 두드리라 그리하면 너희에게 열릴 것이니 구하는 이마다 받을 것이요 찾는 이는 찾아낼 것이요 두드리는 이에게는 열릴 것이니라 너희 중에 누가 아들이 떡을 달라 하는데 돌을 주며 생선을 달라 하는데 뱀을 줄 사람이 있겠느냐 너희가 악한 자라도 좋은 것으로 자식에게 줄줄 알거든 하물며 하늘에 계신 너희 아버지께서 구하는 자에게 좋은 것으로 주시지 않겠느냐"(마 7:7-11).

우리가 하나님의 자녀라니 이 얼마나 감사한 일인가!

넷째, 하나님 자녀는 아버지 집에 언제든지 갈 수 있다.
어린 시절에 살던 시골집 앞에는 강이 있고 큰 다리가 있었다. 다리 밑에는 언제나 거지로 북적거렸다. 그들은 아침 식사 시간에 맞춰 찾아오는 우리 집 손님이었다. "한 푼 줍쇼"라는 소리와 함께 나는 밥 한 그릇과 국을 깡통에 부어 주었다. 이처럼 거할 집이 없는 사람처럼 불쌍한 사람도 없다.

자녀들은 출가해도 아버지 집에는 언제든지 갈 수 있다. 이처럼 이 땅에 살다가 아버지 집인 천국에 들어갈 수 있는 자격을 얻은 자가 하나님의 자녀다. 이 땅에 많은 사람이 갈

곳을 모른 채 두려워하며 죽음을 맞이한다. 사육신 중의 한 명인 성삼문이 수양대군의 명령에 따라 형장으로 끌려가면서 읊은 시는 가야 할 곳을 모르는 인생의 두려움을 나타내고 있다.

> 석녘 바람에 해는 지려는데
> 북 두드리는 소리는 사람의 목숨을 재촉하는구나
> 저승길에는 여관이 없으니
> 오늘 밤은 뉘 집에서 자야 하는고.

그러나 하나님은 자녀 된 우리를 천국으로 인도해 주신다. 이 얼마나 감사한 일인가! 요한복음 14장 1-3절의 예수님의 말씀을 떠올려보라.

"너희는 마음에 근심하지 말라 하나님을 믿으니 또 나를 믿으라 내 아버지 집에 거할 곳이 많도다 그렇지 않으면 너희에게 일렀으리라 내가 너희를 위하여 거처를 예비하러 가노니 가서 너희를 위하여 거처를 예비하면 내가 다시 와서 너희를 내게로 영접하여 나 있는 곳에 너희도 있게 하리라."

축복하는 권세

믿음의 사람은 축복의 사람이다. 성도는 축복의 권세를 받았다. 로마서 12장 14절을 보면 "너희를 박해하는 자를 축복하라 축복하고 저주하지 말라"고 말씀한다. 성경을 보면 축복하는 구절이 300구절이나 나온다. 바울은 그의 서신을 축복으로 시작하고 있다(롬 1:7; 고전 1:3; 고후 1:2; 갈 1:3).

룻기에 나오는 나오미는 모압에서 불행한 삶을 살았다. 남편과 두 아들을 잃었기 때문이다. 그녀에게 더는 희망이 없어 보였다. 그러나 자부 룻과 함께 베들레헴으로 돌아오자마자 그녀는 복의 통로가 되었다. 하나님이 나오미를 통해 룻에게 복을 주기 시작한 것이다. 룻이 시모 나오미와 함께 베들레헴으로 갈 수 있었던 이유 중 하나가 나오미가 축복의 사람이었기 때문이다. 나오미는 베들레헴으로 돌아가면서 두 자부에게 어머니 집으로 돌아갈 것을 권유하며 축복했다.

"나오미가 두 며느리에게 이르되 너희는 각기 너희 어머니의 집으로 돌아가라 너희가 죽은 자들과 나를 선대한 것 같이 여호와께서 너희를 선대하시기를 원하며 여호와께서 너희에게 허락하사 각기 남편의 집에서 위로를 받게 하시기를 원하노라 하고 그들에게 입 맞추매 그들이 소리를 높여 울며"(룻 1:8-9).

여기서 나오미는 두 며느리에게 하나님의 선대하심을 받고 남편의 집에서 평안하기를 축복하고 있다. 평소 나오미가 부정적인 사람으로 저주를 밥 먹듯 했다면 룻이 시어머니를 따르지 않았을 것이다. 나오미는 절망적인 상황에서도 절망적이고 부정적인 말을 하지 않았다. 룻은 평소에 다른 사람을 축복하는 나오미를 좋아했다. 얼마나 좋았으면 자기 고향을 버리고 먼 나라까지 서슴없이 따라나섰을까.

축복의 권세를 사용하는 사람은 주변 사람들마저 덩달아 복 받는 자가 되게 한다. 성도가 이 축복의 권세를 사용한다면 세상은 바뀔 것이다. 인터넷상의 악플을 보라. 얼마나 상처를 안겨 주는 내용이 많은가! 믿음의 사람은 축복의 답글을 다는 사람이 되어야 한다. 축복하는 자는 복을 받게 되어 있다. 축복의 권세를 사용하면 이 세상은 온통 하나님의 축복으로 가득 찰 것이다.

복의 통로인 그리스도인

하나님의 자녀가 된 성도 한 사람은 엄청난 영향력을 끼치게 된다. 믿음의 사람은 정치·경제·사회·문화 등 모든 분야에서 영향력을 행사하게 된다. 역사의 현장을 주도하는 이들은 다름 아닌 하나님의 말씀에 따라 산 사람이다. 이들의 영향력은 광범위하고 상상을 초월해서 한 사람이 한 일이라고는 생각하지 못할 경우도 많다.

세계에서 가장 널리 사용되는 100달러짜리 지폐의 주인공 벤저민 프랭클린(Benjamin Franklin, 1706-90)은 믿음의 사람으로 미국 독립선언문을 기초한 것으로 널리 알려져 있다. 신앙의 자유를 찾아 영국에서 이주한 청교도의 후예로 보스턴의 한 가난한 집안에서 태어난 그는 믿음과 지혜의 사람으로 항상 노력하는 모습을 보여 주었다. 그를 표현하는 수식어가 참으로 많다. 신문 발행인, 성공한 사업가, 발명가, 정치가, 철학자, 저술가로서 미국 헌법 기초 작업에 참여, 미국 우편제도 개혁, 소방서 창설, 이중초점 안경 발명, 고화력 스토브 발명, 피뢰침 발명, 가로등 최초 설치, 인지조례 철폐, 식민지 자주 조세권 획득, 회원제 도서관 설립, 펜실베이니아 대학 설립 등 84년을 사는 동안 그가 이룬 업적은 헤아릴 수 없다.

그는 분명한 신앙 고백에 따라 살았다. "나는 하나님이 우주의 유일하신 창조자이심을 믿는다. 하나님은 우주를 섭리로 지배하시기 때문에 경배를 받아야 마땅하다. 내가 하나님께 보답하는 길은 모든 사람에게 선을 행하는 것이다. 사람의 영혼은 영원하며, 이 세상에서 행한 일에 따라 저 세상에서 평가를 받는다는 것을 믿는다"라고 고백하며 믿음의 사람으로 살았다. 특히 프랭클린은 삶을 규모 있게 살기 위해서 20대부터 13가지 덕목을 정하고 매일 점검했다고 한다.

프랭클린의 13가지 덕목

1. **절제(Temperance)** 배부르게 먹지 말라. 취할 정도로 마시지 마라.
2. **침묵(Silence)** 자신이나 타인에게 유익하지 않는 말을 하지 마라. 쓸데없는 말을 하지 마라.
3. **질서(Order)** 모든 물건은 제자리에 두라. 모든 일은 제때에 하라.
4. **결단(Resolution)** 할 일은 반드시 하겠다고 결단하라. 결심한 일은 실수 없이 행하라.
5. **절약(Frugality)** 자신이나 타인에게 유익되지 않는 돈은 쓰지 말라. 그래야 낭비하지 않게 된다.
6. **근면(Industry)** 시간을 낭비하지 마라. 언제나 유익한 일을 하고 불필요한 일은 하지 마라.
7. **진실(Sincerity)** 타인을 속여 해하지 마라. 깨끗하고 공정하게 생각하고 말하라.
8. **정의(Justice)** 옳은 일을 하되 타인의 이익을 훼손하지 마라. 의무를 행하지 않으므로 잘못을 저지르지 마라.

9. **중용**(Moderation) 극단을 피하라. 타인의 비난과 분노가 당연한 것이라면 감수하라.
10. **청결**(Cleanliness) 몸과 의복, 주택에 불결한 것이 있으면 깨끗하게 하라.
11. **침착**(Tranquility) 사소한 일 또는 불가피한 일이 생겼을 때 평정심을 잃지 마라.
12. **순결**(Chastity) 성생활은 가정의 화평과 자손의 번성을 위해서가 아니면 남용하지 마라.
13. **겸손**(Humility) 예수와 소크라테스의 행동을 본받으라.

이 세상에서 가장 부자라고 불린 존 데이비슨 록펠러(John Davison Rockfeller, 1893-1937)에게는 진실한 믿음을 가진 어머니의 가르침이 있었다. 록펠러는 33세 때 백만장자가 되었으며, 10년 후에는 세계에서 가장 큰 회사를 소유하게 되었고, 53세 때는 세계 최고의 부자인 억만장자가 되었고, 한 주간 수입이 100만 달러나 되었다고 한다. 이후 록펠러는 자선사업에 몰두했다. 1890-92년 시카고대학 설립을 위해 6천 만 달러 이상을 기부했다. 특히 시카고 대학은 시카고 남부의 미시건 호반인 하이드 파크라는 주택가에 있는데, 교수나 졸업생 등 이 대학 출신의 노벨상 수상자가 현재까지 70여 명이 넘는다. 이는 미국의 다른 대학보다 많은 노벨상 수상자를 배출시킨 것이고, 세계에서도 가장 많은 노벨상 수상자를 낸 대학으로 꼽힌다.

록펠러는 이후에 계속해 3억 5,000만 달러를 기부했고, 록펠러 재단, 일반교육 재단, 록펠러 의학연구소 등을 설립했다. 특히 교육과 세계평화를 위해 설립된 록펠러 재단은 많은 질병 퇴치에 공헌했고, 1948년에는 4만 5천 달러를 후원하여 우리나라 최초로 국어사전을 만들었다. 지금도 록펠러의 후손들은 각 분야에서 막강한 영향력을 끼치고 있다. 유대인이었던 그의 어머니가 행한 신앙적인 가르침이 그의 삶에 지표가 되었던 것이다.

록펠러 어머니의 가르침

1. 하나님을 친아버지 이상으로 섬겨라. 친아버지보다 더 중요한 공급자는 바로 하나님이시다.
2. 목사님을 하나님 다음으로 섬겨라. 목사님과 좋은 관계 속에서 하나님의 말씀을 듣고 따르는 것이 복된 길이다.
3. 주일예배는 본 교회에서 드려라. 하나님의 자녀로서 교회에 충성해야 한다.
4. 오른쪽 주머니는 항상 십일조 주머니로 쓰라. 십일조는 하나님의 것이므로 먼저 구별한 후 나머지를 사용해야 한다.

5. 아무도 원수로 만들지 말라. 다른 사람과의 관계가 나쁘면 일마다 장애요소가 될 수 있다.
6. 아침에 목표를 세우고 기도하라. 오늘 해야 할 일을 하나님께 맡기면 모든 일에 함께하여 주실 것을 온전히 믿는다는 기도를 올린다.
7. 잠자리에 들기 전 하루를 반성하고 기도하라. 빨리 회개하여 죄로 인한 어려움과 고통을 피할 수 있어야 한다.
8. 아침에는 꼭 하나님의 말씀을 읽으라.
9. 남을 도울 수 있으면 힘껏 도우라. 그리고 도와준 일에 대해 절대로 나팔을 불면 안 된다.
10. 예배 시간에 항상 앞에 앉으라. 예배드리고 말씀 듣는 일에 누구보다도 앞장서서 하려는 노력이 필요하다.

록펠러는 어머니가 세상을 떠난 후 뉴욕에서 가장 크고 아름다운 '리버사이드 교회'를 지어 하나님께 드리면서 어머니로부터 배운 신앙의 가르침을 감사했다고 한다. 하나님이 주신 부는 자신의 것이 아닌 그분의 뜻과 사회를 위해 쓰여야 한다는 그의 강한 신념은 록펠러 집안의 가훈으로 전해진다. 록펠러의 남은 생애의 관심은 어떻게 하면 재산을 자선사업에 지혜롭게 쓰는가 하는 것이었다고 한다.

록펠러 집안의 가훈

I believe that every right implies a responsibility;
every opportunity, an obligation;
every possenssion, a duty.
모든 권리에는 책임이,
모든 기회에는 의무가,
모든 소유에는 책무가 따른다. 이것이 나의 신념이다.

한국 교회 초기에 남강 이승훈 선생은 10대 초반 공장 사환에서 출발하여 장돌뱅이로 황해도 일대 돈줄을 휘어잡고 나중에는 평북에 어엿한 유기공장을 세워 큰 부자가 되었다. 가난할 때 비굴하지 않았던 그는 거부가 된 후에도 절대 교만하지 않았다. 일본이 한반도에 침략의 먹구름을 드리울 때 남강 선생은 나라를 살리기 위해 사재를 털어 1907년 정주에 오산학교를 설립했다. 그가 한석진 목사의 설교를 통해 예수님을 믿은 후부터 오산학교는 또 다른 변화를 거치게 된다.

고당 조만식 장로가 오산학교 교장을 맡았고, 학교 내에 교회를 짓고 성경을 정규 과목으로 가르쳤고, 조회시간은 기도회 시간이 되었다. 그 결과 오산학교 출신은 각 분야에서 탁월한 지도력을 발휘했다. 주기철 목사, 한경직 목사, 소설가 염상섭, 시인 김소월, 시인 김억, 화가 이중섭 등이 그렇다. 한 사람이 가진 믿음은 후세에까지 참으로 귀한 복의 통로로서 영향력을 끼치고 있다.

8. 제자훈련의 영향력을 통해 나타나는 권세

제자훈련을 반드시 해야 한다면 그 이유는 무엇일까? 그 이유는 목회의 스승인 예수님께서 제자훈련을 하셨기 때문이다. 예수님의 제자 중에는 가룟 유다도 있었다. 그렇다고 제자훈련에서 실패했다고 볼 수 없다. 만약 예수님이 제자훈련이 목회의 방법이 아니라고 생각했다면 다른 방법을 제시하셨을 것이다. 그런데 이 땅에서 마지막으로 제자들에게 명령하신 말씀 속에 예수님의 뜻이 분명하게 기록되어 있다. "그러므로 너희는 가서 모든 민족을 제자로 삼아 아버지와 아들과 성령의 이름으로 세례를 베풀고"(마 28:19).

그렇다. 예수님은 분명히 제자 삼으라고 하셨다. 이는 반드시 제자훈련을 하라는 것이다. 제자훈련을 목회 철학으로 삼지 않고 목회를 한다면 주님이 제시하신 방법과 다른 목회 방법이 될 수밖에 없다. 제자훈련은 단번에 큰 효과를 볼 수 있는 쉬운 목회가 아니다. 땀을 흘리고 인내해야 한다. 그리고 오랜 시간이 필요하다. 제자훈련은 누구나 할 수 있는데, 주님께서 가르쳐 주시고 모범을 보이셨기 때문이다.

주님의 제자로 변화해 가며 성숙해 가는 모습을 보면 감동과 감격으로 전율을 느끼기도 하지만 반대로 정말 변하지 않는 사람을 보면 제자훈련에 대해 의심을 품게 된다. 그러나 분명한 것은 주님이 명령하셨기에 한눈 팔지 않고 제자훈련의 한길을 묵묵히 걸어갈 때, 주님으로부터 충성된 자라고 인정받게 될 것이다. 또한 결국에는 그 열매를 맛보게 된다.

오늘날 너무 많은 목회 방법과 전략이 목회자의 판단을 흐리게 만들고 있다. 그래서 제자훈련을 하다가도 여기 기웃, 저기 기웃 하면서 새로운 방법을 모색하기도 한다. 제자훈련의 토양과 뿌리 위에 새로운 옷을 입힐 수는 있지만, 제자훈련을 하지 않고 전혀 다른 토양으로 목회하는 것은 결코 주님이 원하시는 방법이 아니다.

한산대첩으로 유명한 한산도 제승당에 가면 이순신 장군이 쓴 두 개의 글을 볼 수 있다. 이 글을 읽다 보면 마음에 잔잔한 감동을 느낄 수 있다. 그 하나는 충무공이 한산섬으로 수군진영을 옮긴 다음 현덕승에게 보낸 서간문으로, "임금의 쾌차하심은 신하와 백성의 즐거움이다"라는 내용이다. 또 다른 글은 충무공이 송나라 역사를 읽고 독후감을 쓴 것으로

"무릇 신하가 임금을 섬김에 있어 죽음이 있을 뿐 두 가지 마음을 가져서는 안 된다"는 내용이다. 이 글을 보면 주인인 왕을 사랑하는 마음과 그에 따른 지극한 충성심을 엿볼 수 있다.

우리를 위해 생명까지 아낌없이 주신 주님을 향한 사랑과 충성심이 있다면 제자훈련을 못할 이유가 없다. 좀 쉽게 하고 한꺼번에 많은 열매를 맺으려는 얕은 마음이 제자훈련의 열매를 얻지 못하게 하는 가장 큰 이유일 것이다.

미국 공화당 대통령 후보였던 매케인은 베트남전쟁의 포로가 되어 가혹한 고문으로 정신을 놓고 허위 자백한 일 때문에 몹시 괴로워했다. 특히 태평양 총사령관을 지낸 아버지 매케인 2세에게 용서받지 못할 것이라는 사실 때문에 마음이 고통스러워 아버지께 조용히 물었다. "아버지는 그 사실을 알고 계셨습니까?" 그때 그의 아버지는 "아들아, 너는 최선을 다했다. 그것이 사람들이 우리에게 기대하는 전부란다"라고 대답했다.

목회자로서 최선을 다하고 있는가? 실패가 두렵고, 욕심 때문에 주님이 가르쳐 주신 정도를 무시하고 다수가 추구하는 방법을 좇아가면서 시대의 조류라고 위안을 삼고 있지는 않는지 돌이켜 깊이 생각해 봐야 하지 않을까?

"충성된 사자는 그를 보낸 이에게 마치 추수하는 날에 얼음 냉수 같아서 능히 그 주인의 마음을 시원하게 하느니라"(잠 25:13).

"충성된 자는 복이 많아도 속히 부하고자 하는 자는 형벌을 면하지 못하리라"(잠 28:20).

제자훈련을 통한 변화

제자훈련 초기에 몇 명과 함께 제자훈련 하는 것을 본 이웃 목회자가 참 비효율적이라고 말한 것을 들었다. 10명도 안 되는 교인과 함께 2년을 씨름하는 것 자체가 우습게 보였을 수도 있다. 어느 때는 탈락자가 많아 실망스럽기도 했지만, 변화된 한 영혼은 참으로 대단한 영향력을 갖기에 결코 실패가 아니라는 사실을 깨닫게 되었다.

이 땅에서의 영향력은 제자의 삶을 살아갈 때 나타난다. 또한 제자들을 통해 하나님 나라가 확장되어 간다. 예수님은 제자들에게 훈련을 시키심으로써 험한 세상의 유혹을 이기고 복음을 전하는 군사가 되기를 원하셨다. 하나님이 주신 다양한 은사도 제자훈련을 통해 더욱 완벽하게 준비되어 귀하게 쓰임 받게 될 것이다.

제자훈련을 통해 나타나는 두 가지 큰 변화는 거룩함에 대한 열망과 영혼 사랑으로 나타난다. 거룩함에 대한 열망은 죄를 미워하게 되고 자기중심적인 삶에서 하나님 중심의 삶으로 바뀌어 영적 성숙을 불러온다. 진리의 문제가 아니라면 다른 사람에게 양보하고 이해하는 모습으로 바뀌게 된다.

큰 변화는 작은 것에서부터 시작된다. 그래서 개인의 변화는 가정과 사회, 국가에까지 영향을 끼친다. 하나님 앞에서 살아가려는 강한 의지로 말미암아 자신의 마음을 자주 점검하는 사람으로 바뀌게 된다.

거룩함을 추구하는 삶은 가정에서부터 시작된다. 가정의 변화는 신앙의 가장과 부모의 역할이 올바로 이루어질 때 가능하다. 사탄은 항상 사람에게 불화를 일으키고 의심하게 만든다. 작은 일을 크게 만들어 사건을 일으키고 결국에는 자녀들이 탈선하도록 만들어 정상적인 가정생활을 하지 못하도록 한다.

제자훈련을 통해 개인의 삶과 가정이 회복되고 변화되는 것을 보면 가슴 벅찰 때가 많다. 이때는 살아서 역사하는 하나님 말씀의 능력을 실감하게 된다. 개인의 삶이 바뀌면 가정이 바뀌게 되고 가정이 바뀌면 교회와 세상이 바뀌게 된다.

작게 보이는 하나님 말씀 앞에 민감하게 반응하고 순종할 때 하나님의 은혜를 경험하면서 능력 있는 삶을 살게 된다. 세상을 향해 섬김의 삶을 살면서 세상을 밝히고 변화시키는 빛과 소금의 사명을 감당하게 되는 것이다. 이런 삶이야말로 권세 있는 삶이라고 할 수 있다.

제자훈련을 통해 가정에서 변화된 남편의 모습을 아내가 고백한 내용으로 살펴보자.

M형제

절대 변할 것 같지 않던 남편의 성격과 행동이 말씀 안에서 조금씩 변하고 있음을 지켜보면서 그저 놀라움과 감사함뿐입니다.

언제 화를 낼지 몰라 조마조마하고 불안해하던 날이 있었나 의심스러울 정도로 화를 잘 내지 않습니다. '욱' 하고 화를 내면 가슴이 답답해질 때도 있었고, 어느 때는 왜 화를 내는지 알 수 없어 어찌할 바를 모를 때도 있었습니다. 그런 사람의 성격이 부드러워지고 화를 잘 내지 않게 되었습니다. 남편의 이런 변화가 기적처럼 느껴질 정도입니다. 얼마 전 돈 문제로 서로 생각의 차이를 보였을 때 예전 같았으면 분명 크게 화를 내고 급기야 싸움으로 이어졌을 겁니다. 그런데 남편은 신기하게도 화를 내지 않았습니다. 아이들에게도 큰 소리로 꾸짖고 다그치는 모습을 거의 볼 수가 없습니다. 무슨 일이었는지 생각은 잘 나지 않지만 그때 아이들이 분명 아빠에게 혼날 일을 했는데 "이놈들 앞으로 또 그러면 정말 혼난다" 하고 마는 것이었습니다. 속으로 무척 놀랐습니다.

또 한 가지, 남편은 아내인 나를 인정해 주기 시작했습니다. 남편 앞에서는 나의 존재감을 전혀 느낄 수 없을 정도로 냉정하고 차가운 사람이었습니다. 그런데 지금은 많이 위해 주고 아껴 주고 있다는 느낌이 듭니다. 아이들에게도 엄마가 얼마나 소중한 존재인지 말해 줍니다.

물질에서도 많이 자유로워졌습니다. 남편은 항상 돈 때문에 스트레스를 받고 돈 때문에 불안해하고 오로지 돈 때문에 죽자 살자 일하는 사람이었습니다. 현재 빚이 많기는 하지만 전전긍긍하지 않고 많이 편안해하는 모습을 볼 수 있습니다.

음식투정을 하는 것도 많이 고쳐졌습니다. 자신의 입맛에 맞지 않으면 쳐다보지도 않고 같은 반찬이 두 번 상에 올라오면 절대 먹지 않아 식사를 준비할 때마다 스트레스를 받기도 했습니다. 지금은 제가 해주는 것은 뭐든지 맛있다면서 반찬이 한 가지든 두 가지든 잘 먹습니다.

이처럼 사람으로서는 불가능한 일을 하나님께서 해주셨다는 사실에 감사드리며, 더 많이 변화되어 하나님의 칭찬받는 자녀가 되기를 기도드립니다.

T형제

남편은 제자훈련으로 참 많이 변했습니다. 예전에는 술자리가 있으면 빠지지 않고 참석했습니다. 그리고 명절 때 친구들을 만나면 꼭 1, 2차까지 가느라 새벽에 들어왔는데, 지금은 친정 식구들과 식사하면서 장인이 권하는 와인 한잔까지도 거절하는 믿음을 발휘합니다.

예전에는 순모임에 참석하면서 시간을 많이 빼앗긴다고 투덜거렸지만 요즘은 순모임이 한 시간 일찍 시작하는데도 기쁜 마음으로 참여하고 있습니다.

남편은 결혼하고 나서 3년 이상 한 번도 빠지지 않고 퇴근 후 한 시간 이상 회사에서 실시하는 사내 온라인 교육으로 공부하는 정말 신기한 사람이었습니다. 그런데 지금은 제자훈련과 전도폭발훈련에 집중하는 것을 보면 참으로 감사할 뿐입니다.

남편은 매사에 부정적이었습니다. 집에서 대화할 때도 직장과 사회와 인간관계에 대해 부정적인 말을 참 많이 했습니다. 부서 안에서도 불편한 인간관계에서 오는 스트레스로 계속 투덜거리며 힘들어 했습니다. 그런데 요즘 환경이 달라지지 않았음에도 부쩍 감사라는 단어를 자주 사용합니다.

전에는 큐티집을 사면 몇 번 하다가 그만두어 중간부터는 깨끗했는데 요즘에는 하루도 거르지 않습니다. 정말 존경스러운 것은 새벽예배를 마치고 돌아와 무지 졸릴 텐데도 교회에 갔다 오면 곧바로 큐티를 한다는 것입니다. 참으로 내 남편이지만 많이 변한 것을 느낍니다.

요즘에는 귀찮을 정도로 엄살을 부리고 여기저기 아프다고 해도 다 들어줍니다. 순모임 때는 우리 집을 개방하여 섬기려 하고, 지체들에게 작은 것으로 섬기려 노력하는 모습을 보며 감동을 받습니다. 또한 이전에는 전도는 해도 그만 하지 않아도 그만이라고 생각했는데, 요즘은 영혼에 대한 불쌍한 마음을 가지고 동료들을 위해 진정으로 기도합니다. 남편이 이렇게 변할 수 있게 인도해 주신 하나님께 영광을 돌려 드립니다.

K형제

제자훈련을 받기 전에 남편은 교회는 다니고 있었지만 세상 사람과 별반 다를 것 없는 일상을 보냈고, 또 노동조합 활동으로 밤문화를 즐기다가 귀가 하면 거의 매일 새벽 2-3시였습니다. 술에 만취된 상태로 들어와 다음날에는 자기가 어떻게 집에 왔는지도 모르는 날이 많았습니다. 그런 남편 때문에 하루도 마음 편한 날이 없었고, 그렇다 보니 자주 다투었습니다.

그런데 제자훈련을 하면서 노조도 그만두고 술 마시는 횟 수도 줄어들고 당연히 귀가 시간도 빨라졌습니다. 이제 퇴근해서 돌아오면 성경책을 읽으면서 제자훈련 과제를 하며 하루를 마무리합니다. 담배 또한 여러 번 금연을 시도했지만 금단 현상으로 다시 피우곤 했는데, 어느 날부턴가 자연스럽게 끊었습니다.

또한 예전에는 무슨 일이 생기면 그 일을 우선시해 주일을 범할 때가 많았는데, 시댁이나 친정의 집안 행사를 토요일로 옮기도록 설득하면서 주일을 지키려고 노력합니다.

과거 남편은 자기는 하는 일마다 되는 일이 없다면서 죽음에 대해 자주 언급하기도 했습니다. 그때마다 남편의 입술에 파수꾼을 세워 주셔서 말로 범죄하지 않도록 도와 달라고 기도했는데, 제자훈련을 하면서 그런 이야기는 이제 들을 수 없게 되었습니다. 그리고 무엇보다 부정적인 생각이나 말이 긍정적으로 변해가고 있습니다.

주말에 같이 있으면 남편과의 의견 차이로 자주 다투거나, 사소한 일에도 짜증과 화를 내거나, 남편이 마음에 들지 않으면 며칠씩 말을 하지 않아 집안이 살얼음판 같은 분위기였습니다. 그런데 요즘은 주말을 함께 보내는 것이 평안하고 즐겁습니다.

남편은 예전에도 집안일을 많이 도와주곤 했는데, 요즘은 먼저 나서서 집안 여기저기를 청소해 주고 설거지며 빨래도 기쁜 마음으로 해주고 있습니다. 또한 마음에 상처가 되는 말을 서슴없이 내뱉곤 했는데 최근에는 많이 참고 이해하려고 노력합니다. 남편의 많은 부분을 고치고 회복시키시는 하나님께 감사드립니다.

사람은 쉽게 변하지 않는다. 오늘날 가정의 아픔은 배우자를 향해 서로가 변하지 않는다고 탓하는 데서 비롯된다. 그런데 명심할 것은 내가 변하면 배우자가 변한다는 것이다. 이혼 바이러스가 급속도로 번져 나가고 있다. 그리고 교회 안에서도 서로 다투다가 등을 돌리는 일을 쉽게 볼 수 있다. 영적으로 성숙한 믿음의 사람이 가는 곳에는 평화와 사랑이 있지만, 미성숙해서 자기만을 위해 살아갈 때 불화와 미움으로 서로에게 아픔을 주며 살 수밖에 없다. 현실은 쉽게 변화를 주도하지 못하지만 살아 역사하시는 하나님 말씀은 사람을 변화시킨다.

영혼을 구원하는 영향력

2009년 1월 15일 대형 참사를 막은 영웅 조종사가 있었다. 탑승객 155명을 태우고 미국 뉴욕 라구아디아 공항을 이륙

해서 노스캐롤라이나 샬럿으로 향하던 US항공 소속 1549편은 이륙 직후 새떼와 충돌하여 양쪽 엔진이 모두 멈추어 4분 만에 추락했지만 사망자가 한 명도 없었다. 급박한 상황에서 조종사는 도심 빌딩가와 인구 밀집 지역을 피해 허드슨 강에 수중 착륙을 강행했다. 여객기는 놀란 시민들이 지켜보는 가운데 맨해튼 48번가 부근 허드슨 강에 착륙했다. 굉음과 함께 거대한 물보라가 튀었지만 마치 활주로에 착륙하는 것처럼 보였다. 이어 해안경비대는 물에 잠긴 비행기 문을 열고 승객들을 구조했고 영하 7도의 혹한이었지만 인명 피해는 없었다. 조종사는 19,000시간의 비행 경력을 가진 체슬리 슐렌버거 3세였다. 비극적 참사를 막아낸 조종사는 일약 영웅이 되었다. 그는 비행기 안에 혹시 한 사람이라도 남아 있을까 봐 마지막까지 남아서 물이 차는 비행기 안을 두 번이나 확인했다고 한다. 많은 사람의 생명을 구한 체슬리 슐렌버거 3세는 분명 영웅이다.

하지만 비행기에서 구출된 사람은 이 세상에서의 생명을 조금 연장 받았을 뿐이다. 언젠가 모두 죽을 테니 말이다. 일시적인 죽음을 면하게 해준 사람도 이처럼 세계적 영웅으로 환영을 받는다면, 천국에서 영원히 살 수 있도록 복음을 전해 한 영혼을 구원의 길로 인도한 사람은 진정한 영웅이라고 말할 수 있을 것이다. 주님이 원하시고 우리 모두가 원하는 진정한 영웅이 바로 전도자인 것이다.

영혼 구원은 예수님이 이 땅에 오신 목적이다. 그러므로 교회가 주님의 마음을 품고 영혼을 구원하는 일에 온 힘을 기울이는 것은 지극히 당연하고 자연스러운 일이다. 교회가 복음의 열정이 없다면 그 교회는 이미 교회에 주신 사명을 포기한 죽은 교회라고 말할 수 있다. 한 영혼이 복음을 듣고 예수를 구주로 영접하는 현장은 감격과 기쁨의 도가니가 된다. 복음을 전하는 사람도, 복음을 듣는 사람도, 하늘에 계신 하나님도 기뻐하고 감격하신다.

교회는 새로운 영혼이 예수 믿게 되는 일이 계속해서 일어나야 할 곳이다. 그것이 주님께서 원하시는 교회의 모습이다. 이들이 제자훈련을 받고 영적으로 성장하고 성숙하여 주님을 닮은 성품의 사람이 되고 복음 전파의 동역자가 된다면 교회의 사역은 끊임없이 계승될 것이다.

사데 교회는 명성과 규모와 조직을 갖추었지만 죽었다는 판정과 함께 행위가 불완전한 교회로 낙인찍히고 말았다(계 3:1-2). 복음의 열정이 없으면 예수님에 대한 사랑과 은혜가 차갑게 식고 행위가 불완전해져 주님의 책망을 받게 된다.

평택대광교회에서 1991년부터 시작된 전도폭발훈련은 그동안 많은 영혼을 주님께로 인도했다. 전도폭발훈련에 참여한 사람 중에는 새가족반(해피타임)을 갓 수료하고 등록한 지

얼마 되지 않은 초신자도 있다. 이들은 복음 전파의 현장에서 성령의 역사를 경험하고 흔들리지 않는 구원의 확신을 갖고, 믿지 않는 가족과 이웃을 전도하기 위해 애쓰면서 간절한 마음으로 기도한다. 영혼 구원의 열정을 가질 때 주님을 사랑하고 섬기는 제자로 자란다.

복음의 능력은 모든 분야에서 기적을 경험하게 한다. 교회가 영혼 사랑의 마음을 가지고 복음 전파에 주력하면 다른 부분에서 좀 모자라게 보이는 부분까지 하나님이 채워 주시는 것을 경험하게 된다.

평택대광교회에서 소그룹을 인도하는 순장은 모두 전도폭발훈련을 수료했다. 물론 제자훈련의 지원 자격이 전도폭발훈련을 받아야 하기 때문이기도 하지만 반드시 그런 이유 때문만은 아니다. 전도의 중요성을 끊임없이 강조하는 목사의 영향과 교회의 영적인 분위기, 그리고 모든 사역의 초점을 전도에 맞추는 전도 집중 교회가 되었기 때문이다.

전도폭발훈련은 다른 전도훈련에서 찾아보기 힘든 특징이 있다. 이론 교육과 현장 교육을 병행함으로써 실제로 성령의 역사를 현장에서 경험한다는 것이다. 13주 동안 계속되는 훈련을 통해 점진적이고 반복적인 훈련으로 훈련의 참맛을 깨닫게 된다. 일회성으로 끝나지 않고 훈련이 연속적으로 이어지는 장점이 있는데, 이는 다시 말해 재생산 훈련이다. 그리고 초신자도 훈련에 참여해서 복음의 감격을 전도 현장에서 경험함으로써 신앙이 성장하게 된다. 암기할 내용이 다른 전도훈련에 비해 많지만 이것이야말로 전도훈련의 엑기스를 담고 있다고 할 수 있다. 땀 흘리고 노력한 만큼 열매를 주시기 때문이다. "또 자기 십자가를 지고 나를 따르지 않는 자도 내게 합당하지 아니하니라"(마 10:38)고 하신 말씀처럼 십자가를 통해 시작된 영혼 사랑의 축복인 복음의 열매를 아무 희생 없이 얻으려 한다면 이는 로또 복권을 통해 부를 얻으려는 것과 마찬가지다.

이런 점 때문에 전도폭발이야말로 주님의 십자가 정신을 잘 간직한 훈련이라고 말할 수 있다. 주님의 뜻을 따르는 사람이 어렵고 힘든 훈련을 선택하고, 더 많은 땀을 흘리고, 더 많이 희생하기를 원한다면 반드시 하나님이 원하시는 자가 될 것이다.

안 된다고 생각하면 안 된다. 믿음대로 되기 때문이다. 1991년만 해도 평택은 농촌이었지만, 주부들로부터 시작된 전도폭발훈련을 통해 풍성한 열매를 거두었다. 문제는 방법이 아니라 믿음이며 확신이라는 사실을 강조하고 싶다. 전도 속에는 신비로움과 축복이 포함되어 있다. 그래서 전도는 성도라면 핑계하지 말고 누구나 해야 할 주님의 엄한 명령이다(딤후 4:1-2).

평택대광교회는 순모임에 속한 순원 중 한두 명은 전도폭발훈련을 받고 있거나 받은 사람이다. 전도를 경험하고 전도의 열정이 있는 사람이 모이는 순모임의 초점은 영혼 구원이 될 수밖에 없다. 영혼에 대한 사랑이 있는 모임은 영적인 모임이 되고, 영혼 사랑이 없으면 교회 안의 육적인 모임으로 남게 된다.

전도폭발훈련을 수료한 사람의 간증을 듣다 보면 세상에서 느낄 수 없는 감격과 기쁨에 흠뻑 젖게 된다. 전도폭발훈련 수료자의 간증을 통해 복음의 영향력을 살펴보자.

H 형제

저의 신앙생활은 이제 겨우 일 년을 넘었습니다. 그렇다 보니 주님 앞에 처음 무릎 꿇은 후 지금까지 저의 신앙생활이 곧 이 전도폭발훈련 과정과 동일하다 생각되어 나의 신앙생활을 짚어 봅니다.

저는 친구로부터 "만왕의 왕이신 예수님을 믿으라"는 복음을 듣고 예수님을 나의 주님으로 모시기로 마음먹었습니다. 친구가 선물로 준 성경을 난생 처음 읽었습니다. 그냥 의미도 모르고 읽었습니다. 그런 중에 아내의 마음 문이 열려 가족 넷이서 함께 가까운 교회로 갔습니다. 저는 태어나 44년 만에 처음 교회의 문을 열었습니다.

그리고 당시 현실적인 문제들을 십자가 앞에 내려놓고 기도했습니다. 저의 욕심이 채워지기를 바라면서 "하나님 아버지 주세요. 주세요"라고 하면서 기도했습니다. 그야말로 일시적 현세적 믿음이었죠. 참 믿음이 없었던 우리 가족은 얼마 후 교회를 나가지 않게 되었습니다. 그리고 좋은 교회로 인도해 달라고 기도했습니다.

그러던 어느 날 전도자가 건네 준 평택대광교회의 주보가 아내의 손에 있는 것을 발견하고, 그 내용은 읽지도 않고 무작정 평택대광교회에 출석했습니다. 새가족반(해피타임) 교육을 받았습니다. 목사님의 기도 인도에 따라 영접기도를 했습니다. 비로소 '아! 내가 예수님을 믿게 되는구나'라는 생각이 들었습니다. 그 교육은 신앙생활의 분명한 방향을 제시해 주는 이정표로서 내 마음을 사로잡았습니다. 수료 후 순을 배정받고 나름대로 열심히 순모임에 참석했습니다. 교회에서 만나 인사 나눌 사람이 있어 좋았습니다.

그렇게 얼마 지나지 않아 저희 순의 형제 한 분이 전도폭발훈련 수료 후 훈련생 모집을 하는 중 저에게 전도폭발훈련 제안을 했습니다. 그때 저는 '하나님의 인도하심인가?'라는 의문이 생겨 하나님께 물어보기로 했습니다. 그날 저녁 예배에서 설교 말씀 중 "말을 물가로 끌고는 가도 물은 말이 마셔야 한다. 하나님은 식욕 없는 자에게 억지로 먹이지 않으신다."

라는 내용의 말씀을 들었습니다. 나는 이 말씀을 "물가로 내가 너를 인도하였으니 목마르거든 마셔라."라고 하는 하나님의 말씀으로 받고, 아내에게 권유하여 함께 신청했습니다.

첫 시간 교재를 받는 날, 처음 학교에 입학해서 교과서를 받는 기분으로 신나고 모든 것이 궁금했습니다. 그래서 거의 모든 교재를 다 읽어 보았습니다. 교사 훈련자는 한 주씩 분량에 맞추어 읽으라고 했는데 나는 이 말씀에 불순종했습니다. 그런데 소책자 『함께 성장해요』를 읽으면서 왜 이런 대단한 내용을 신앙의 선배님들이 일러주지 않았던가 하는 아쉬움과 함께 이렇게 인도해 주시는 하나님께 너무 감사했습니다. 이 훈련이 안겨 준 매력을 즉시로 느낄 수 있었습니다. 매주 영이 살찌는 소리가 들렸습니다. 성경 말씀을 보아도 빠르게 이해가 되었습니다.

저의 현실적인 문제는 여전히 우울한데 전도폭발훈련은 왠지 모르게 저를 기쁘게 하고 행복감을 느끼게 해주었습니다. 어릴 적 겪는 성장통을 기쁨과 행복으로 느끼게 해주었습니다.

나의 신앙생활에서 새가족반이 반경 500미터의 큰 위치를 알려 주는 이정표라고 한다면 전도폭발훈련은 반경 1미터의 정밀한 위치를 알려 주는 상세지도와도 같았습니다.

만약 제가 평택역에서 부산가는 기차표를 샀는데 거기에

는 몇 번 열차, 몇 번 홈 등 아무런 표시도 없고, 역 통로에도 아무런 안내 이정표가 없다면 기차를 타고도 도착할 때까지 얼마나 불안에 떨고 긴장하겠습니까? 전도폭발 훈련은 이런 불안감을 말끔히 씻어 주는 아주 상세하고 정확한 안내자였습니다.

전도폭발훈련은 지식적으로, 머리로 받아들였던 믿음을 저의 온 가슴으로 느끼게 해주었습니다. 그것은 현장 실습을 통해 하나님이 단계별로 보여 주시며 저를 훈련시키셨습니다.

훈련자의 노련한 접촉 시도와 복음 제시의 모습을 보면서 4주차까지 참관만 하다 5주차 때 처음 진단 질문을 했습니다. 훈련자로부터 복음을 다 듣고 결신하지 않는 안타까운 영혼을 보았습니다. 저의 욕심으로는 결신하도록 좀 더 권유하고 싶었지만 이 일은 성령께서 하시는 일이니 그만 돌아가자는 훈련자의 말을 듣고 예수님을 영접하는 것은 성령께서 때를 주셔야 된다는 배움을 얻었습니다.

6주차 때는 교회에 다니면서도 콘크리트 벽처럼 복음을 되돌려 보내는 영혼을 보았습니다. 인간 부분까지 복음 제시 훈련만 했습니다.

7주차 때는 처음으로 전체 복음 제시를 노방에서 두 대상자를 놓고 했습니다. 그런데 가까이서 복음을 듣던 대상자가 아닌 멀리서 듣고 있던 대상자가 복음 속으로 빠져들며 감동하는 모습을 보았습니다. 그 감동이 저에게 전해지면서 성령님의 강한 인도하심을 경험했습니다. 이때 훈련 과정은 그리스도 부분까지 훈련생이 전하는 것이었는데, 현장 상황은 복음 전체를 전해야 했습니다. 그런데 제대로 준비가 안 된 상태여서 그동안 훈련자가 보여 준 시범을 머릿속에 떠올리며 자연스럽게 전체 복음을 전하게 되었고 결신에 이르는 것을 경험하게 되었습니다. 그 순간 성령님의 인도하심이 감격으로 밀려왔습니다.

8주차 때는 감기로 몸이 몹시 아팠습니다. 거기다가 노방이었습니다. 정말 다니기 싫다는 생각이 들었습니다. 이때 주님이 거하시는 성전을 소홀히 관리하면 주님을 편히 모실 수 없다는 교훈을 얻었습니다.

9주차 때는 갑자기 떠오른 대상자에게 기도도 없이 약속도 없이 방문하여 복음을 전했습니다. 그런데 복음을 다 듣고 거절했습니다. 기도로 준비하지 않고 행하는 전도는 성령님이 하시는 것이 아니라 나의 교만이 행하는 것이라 결신으로 이끌지 못한다는 교훈을 얻었습니다.

10주차 때는 처음으로 전체 복음을 전하는 날이었습니다. 기도로 긴장을 풀었습니다. 노방이라서 한결 편한 마음으로 한 영혼을 만나 복음을 전하고 결신과 즉석 양육, 교회 출석,

새가족반 인도, 그야말로 전체 훈련을 했습니다.

이처럼 단계별로 저를 훈련시키며 인도하시는 성령님의 은혜에 감사드리며, 현장 실습을 통해 잔잔히 전해지는 하나님의 역사하심을 목도하면서 그분의 사랑을 더욱 크게 느꼈습니다.

11주차 복음 제시 때는 이유 없이 북받쳐 오르는 감동으로 눈물의 마침 기도를 하며 예수 그리스도의 깊고 깊은 영혼 사랑을 느꼈습니다.

전도폭발훈련은 저의 가정에도 엄청난 영향을 미쳤습니다. 세상사에 관해 아내와 대화를 나누면 각자의 의견과 주장 때문에 5분만 지나면 마찰과 대립으로 대화가 결렬되기 일쑤였는데, 이 훈련 덕분에 자연스럽게 하나님에 관한 이야기를 하며 여유롭게 대화가 진행되었습니다. 그로 인해 다른 세상일에 관해서도 마찰과 대립이 아닌 일치되는 결론을 맺을 수 있었습니다.

이처럼 배려가 깊으신 하나님의 은혜에 감사드리며, 무작정 달려가는 초보 신앙인이 지치지 않고 하나님 앞에 서는 날까지 쓰임 받기를 원하며, 일러주신 믿음의 길을 주님과 함께 걷고 싶습니다.

주께서 이 세상에 오셔서 하신 사역에 쓰임받게 해주신 은혜에 감사드리며, 사람을 낚는 어선에 주님을 선장으로 모시고 만선의 기쁨을 주님과 함께 누리며, 하나님께 칭찬받는 삶을 살기 위해 성령의 도우심과 함께 최선을 다하겠습니다.

나의 하나님이시여, 나의 주님이시여 영원토록 주께서 저와 함께하심을 굳게 믿으며, 모든 영광 하나님께 드립니다.

G자매

1단계 전도폭발훈련을 은혜 가운데 마치고 방학 동안 2단계 전도폭발을 위해서 좋은 훈련자와 13주간 만날 전도 대상자를 위해 순모임과 새벽예배를 통해 기도하면서 사모했습니다.

훈련을 시작하는 날 흥분되고 애인을 만나러 가는 것처럼 행복했습니다. 그렇게 시작된 2단계 훈련은 매주 주님의 은혜를 경험하는 행복한 시간이었습니다. 교실 수업을 인도하시는 교사 훈련자의 전도에 대한 열정과 끊임없는 섬김, 많은 시간과 물질을 헌신하며 전도하는 간증과 연결된 교실 수업은 은혜와 도전의 시간이었습니다.

13주를 함께한 훈련자는 연약하고 보호해야 할 것만 같은 외모와 달리 당당하고 자신감 넘치고 대상자의 성격에 맞게 미리미리 선물을 준비하고 섬기는 모습으로 저에게 본보기가 되어 주었습니다. 앞으로 훈련자가 되기 위해서는 힘들어도 해야 한다고 하면서 복음 전문과 그 외에 해야 할 일을 꼼

꼼꼼히 챙겨 주는 모습에서 많은 깨달음을 얻었습니다.

1단계와는 다르게 2단계라고 복음 전문을 어느 정도 암기하고 있으니까 하는 생각 때문인지 중반부터 조금 나태해져 예습도 철저히 못하고 대충 했는데, 하나님은 어리석은 저의 잘못된 생각을 현장실습 시간을 통해 깨닫게 해주셨습니다.

한 번은 훈련자가 부활절 계란 나누기에서 전도대상자의 집에 놀러왔던 이웃집 사람에게 계란을 주며 예수님을 믿느냐고 물어보았습니다. 이렇게 교제를 시작한 40대 초의 기혼 여성에게 복음을 전하게 되었습니다. 서론 부분에서는 부드러운 진행과 적절한 대화로 웃음 가득한 모습이었는데, 복음이 들어가면서 얼굴이 점차 굳어지더니 결신하는 부분에서는 준비기도를 했지만 영접기도 부분에서는 하지 않겠다고 했습니다. 저는 속으로 '이제 끝났구나' 라고 생각했는데, 훈련자가 자신의 성장 과정을 간증하면서 전도대상자가 울기 시작했고, 훈련자도 울고 저 또한 눈가가 촉촉해지고 가슴 벅찬 은혜로 충만했습니다. 그래서 즉석 양육도 하고 7일 후 재방문 약속까지 했습니다. 7일후 재방문했을 때는 음료와 과일을 준비해 놓고 기다리고 있었습니다. 그리고 교제 끝에는 맛있는 호박감자전까지 대접 받았습니다. 순모임별 사랑의 바자회에 초대를 받고 참석했으며, 이번 순모임별 전도축제에 초대하여 함께 은혜로운 시간을 보냈습니다.

또한 "크로싱" 영화를 함께 보고 식사하면서 교제를 나누었고, 새가족반(해피타임)에 참석하도록 계속 기도와 전화통화로 교제하면서 언니동생으로 지내자고 할 정도로 마음이 통하는 사이가 되었습니다. 가까운 시간 내에 새가족반(해피타임)과 예배에 나올 것으로 기대하며 섬기고 있습니다.

그리고 저를 가장 많이 핍박하고 미워했던 바로 위의 언니도 순모임별 전도축제에 참석하는 은혜를 주셨습니다. 또한 예전에 12분 복음 제시를 했던 친정오빠가 교회에 나오게 되는 은혜도 주셨습니다.

어느 날 전도폭발훈련을 끝내고 수요일부터 토요일까지 아이가 '로타바이러스'에 감염되어 조금만 먹어도 구토와 설사를 하고 열이 올라 사흘 내내 수액을 맞고도 회복이 안 되어 입원하게 되었습니다. 그러자 부모님은 전도폭발 때문에 괜히 아이만 고생시킨다고 걱정하셨습니다. 그러나 그때 저는 마음이 평안했습니다. '기도하면 될 거야', '다음 주 전도폭발훈련 시간 전까지는 괜찮아지겠지', '주일예배는 빠지면 안 되는데', '금요일에는 예배당 청소를 해야 하는데'라는 생각뿐이었습니다.

하나님은 이런 저의 모습을 사랑해 주셨습니다. 아이는 병원에 누워 수액을 맞아야 했으므로 친정엄마에게 맡길 수 있었고 그때 저는 예배당 청소를 했습니다. 주일예배도 드릴 수 있었습니다. 더 큰 은혜는 주말과 휴일에는 퇴원이 안 되는데, 예배드리고 병원에 돌아오니 주일 오후에 가퇴원하라고 했습니다. 하나님은 저에게 한 주도 빠지지 않고 훈련을 받게 하시는 은혜를 주셨습니다. 저는 아이가 아프면 병원부터 찾았습니다. 그런데 지금은 먼저 기도하게 되었고, 걱정하며 별별 상상을 다하던 옛 모습은 이제 사라졌습니다. 지금은 만물의 주인이신 하나님께 모든 것을 맡기고 평안을 얻습니다.

2단계 훈련을 시작하기 전 주 3회 새벽예배 드리는 것이 너무 힘들었는데, 지금은 새벽예배에 하루만 빠져도 일주일이나 보름을 빠진 것처럼 느껴져, 지금은 주 5회 새벽예배를 모두 드리는 은혜도 주셨습니다. 2단계 훈련을 받으면서 모든 예배를 사모하게 되었고, 하나님 사랑하는 믿음을 배워 가면서 삶의 기쁨이 넘치고 감사할 내용이 늘어나는 변화가 있었습니다. 우리가 주님이 가장 기뻐하시는 전도에 우선순위를 둘 때 주님은 당신의 사랑을 보여 주십니다. 이런 주님을 더욱 기쁘게 해드리기 위해 저는 더욱 열심히 전도자의 삶을 살 것입니다.

앞으로 있을 3단계 전도폭발훈련을 기대하고 사모하면서 기도로 준비하려고 합니다. 마지막으로, 전도폭발 사역을 끝까지 할 수 있는 은혜를 주신 하나님께 모든 감사와 찬양과 영광을 돌립니다.

9. 그리스도의 몸인 교회로서의 권세

하나님은 교회를 그리스도의 몸이라고 하시면서 교회가 얼마나 존귀한 공동체인지 말씀하셨다.

'몸' 과연 얼마나 중요할까? 왕의 몸을 옥체라고 부른다. 그래서 왕의 몸은 함부로 대할 수 없다. 조선의 9대 왕인 성종의 두 번째 부인이며 연산군의 어머니가 되는 윤비가 성종의 얼굴(용안)에 상처를 낸 것이 사건의 발단이 되어 폐비가 되고 결국 사약까지 받았다. 순간의 감정을 절제하지 못하고 왕의 얼굴에 손톱자국을 내어 비극적인 종말을 맞이하고 만 것이다. 만약 우리가 그리스도의 몸에 상처를 내고 힘들게 했다면 어떻게 될까?

교회는 그리스도의 몸이다. 그래서 교회는 예수님의 몸처럼 존귀하다. 교회를 함부로 대하는 것은 예수님을 우습게 여기는 것이고, 더 나아가 하나님을 멸시하는 것이 된다. 예수님은 자신의 몸을 대속물로 아낌없이 내어 주셨다. 그러므로 성도가 그리스도의 몸을 귀하게 여기고 사랑하는 것은 당연하다.

건강한 몸으로서의 교회

사람은 자신의 몸을 특히 사랑한다. 건강을 지키기 위해 몸에 좋다는 것을 먹고, 새벽마다 등산을 하고 몸 관리를 한다. 자기 몸을 사랑하기 때문이다. 몸이 건강해야 일할 수 있기 때문이다.

그리스도의 몸 된 교회가 건강해야 맡겨진 일을 잘 감당할 수 있다. 교회의 건강은 지체인 성도의 건강과 직결된다. 지체인 성도가 교회 안에서 지체로서의 자부심과 긍지를 가질 때 그리스도의 몸 된 교회를 사랑하고 다른 지체를 사랑할 수 있다. 예수님은 포도나무와 가지의 관계를 언급하면서 교회와 지체의 관계를 말씀하셨다. 포도나무와 가지가 하나이듯 교회와 지체도 하나다. 교회를 자신의 필요를 채우는 발판이나 도구로 생각하는 것은 대단히 위험하고 어리석은 짓이다. 지체로서 교회 공동체를 건강하게 세워 가도록 마음을 같이 해야 한다. 부족한 부분을 놓고 안타까워하면서 기도해야 한다. 서로에게 책임을 전가하고 비판해서는 안 된다. 어떤 경우든 영혼을 실족시키거나 교회를 분열시키고 혼란에 빠뜨리는 것은 그리스도의 몸인 교회를 상처내고 파괴하는 행위다.

교회를 사랑하고 자긍심을 가진 건강한 지체들이 모인 건강한 교회는 권세 있는 교회로서 넉넉히 사명을 감당할 수 있다.

예수님의 일을 하는 교회

교회는 예수 생명 공동체로, 주님은 교회가 세워질 때 자신이 행하던 것과 같은 일이 일어나기를 원하셨다. 예수님은 가시는 곳마다 엄청난 영향력을 행사하셨다. 마태복음 4장 23절에는 "예수께서 온 갈릴리에 두루 다니사 그들의 회당에서 가르치시며 천국 복음을 전파하시며 백성 중의 모든 병과 모든 약한 것을 고치시니"라고 말씀하셨다. 이 가르침은 세상적인 학문이나 전통과 유전을 가르치는 것이 아니었다. 그 당시 탁월한 성경교사로 인정받던 서기관이나 바리새인들의 가르침과 비교할 수 없는 권세를 지녔다. "이는 그 가르치시는 것이 권위 있는 자와 같고 그들의 서기관들과 같지 아니함일러라"(마 7:29). 가르침을 받은 자들에게는 회개와 변화가 일어났고, 그들은 섬김의 삶을 살기 시작했다.

교회가 있는 곳에는 권세 있는 가르침이 있다. 지독하게 변하지 않던 자들이 예수님의 가르침 앞에 깨어지기 시작한다. 교회가 세워지면 가르침을 통한 변화와 함께 천국 복음이 전파되어 수많은 사람이 주님께 돌아오게 된다. 그리고 약한 자들과 병든 자들이 치료받고 회복된다.

교회가 예수님의 사역을 계승한 그리스도의 몸으로서 존귀한 공동체라는 사실을 인정하고, 그 지체가 된 자긍심을 가질 때 예수님의 일을 하는 권세 있는 교회로서의 사명을 감당하는 데 쓰임받게 되는 것이다.

교회의 머리 되신 예수님

교회는 머리 되신 주님의 뜻에 따라 사역해야 한다. 교회가 주님의 뜻보다 세상의 풍조와 문화를 따라가고, 교회에 속한 사람의 필요와 요구를 채워 주는 공동체로 전락한다면 교회의 참된 역할을 감당할 수 없다. 몸은 반드시 머리의 지시에 따라야 한다. 몸 가운데 어떤 지체도 독자적으로 행동하지 않는다. 머리의 지시에 따르지 않는 몸은 생명력을 상실한 죽은 몸이다.

교회가 교회되지 못하도록 하는 데 크게 두 종류의 방해자가 있다.

첫 번째는 이단이다. 성경은 진리이신 주님의 뜻을 따르지 않는 이단에 대해 단호한 자세를 취한다. 사랑의 사도였던 사도 요한은 "누구든지 이 교훈을 가지지 않고 너희에게 나아가거든 그를 집에 들이지도 말고 인사도 하지 말라"(요이 1:10)고 했다. 요한계시록에 나타난 일곱 교회에도 이단의 문제는 칭찬과 책망의 근거가 되었다. 거짓으로 미혹하는 이단과 우상을 용납한 버가모 교회와 두아디라 교회는 책망을 받은 반면, 악한 자들과 자칭 거짓 사도에 대해 잘 대처한 에베소 교회는 칭찬을 받았다. 이단은 영혼을 미혹하여 실족시키므로 결국 교회의 역할을 가로막는다.

두 번째는 영적으로 미성숙한 자와 훈련되지 않은 직분자다. 영적으로 성숙하지 못한 고린도 교회는 혼란과 분쟁으로 얼룩졌다. 영적으로 어린아이와 같은 자들은 하나님의 뜻보다 자신의 뜻을 추구한다. 그리고 자신의 욕심이 채워지지 않으면 분란을 일으켜 다른 사람에게까지 고통을 안겨 준다. 그들은 칭찬과 영광을 자신들이 독점하려고 한다. 그리고 의무보다 권리를 주장한다. 섬김의 자세보다는 섬김을 받으려고 한다. 이들은 사람이 알아주는 일과 드러나는 일을 하려고 한다. 결국 이들은 교회가 하나 되지 못하게 하고 사람들이 수

군거리게 만드는 장본인이 된다.

  고린도 교회는 사도 바울에게 염려스러운 교회였다. 고린도후서 12장 20절에서 "내가 갈 때에 너희를 내가 원하는 것과 같이 보지 못하고 또 내가 너희에게 너희가 원하지 않는 것과 같이 보일까 두려워하며 또 다툼과 시기와 분냄과 당 짓는 것과 비방과 수군거림과 거만함과 혼란이 있을까 두려워하고"라고 말씀한다. 영적 어린아이 같은 자들이 직분자가 되거나 리더가 되면 교회의 머리 되신 주님의 뜻을 무시하고 자신들의 뜻대로 교회를 이끌어 가려고 할 것이다. 그럴 경우 모임이나 회의는 자기주장을 내세우기 위해 고성이 오가는 정치인들의 모습과 크게 다를 바가 없게 된다. 주님이 좌정하실 자리가 없는 회의가 교회에는 너무 많다. 그래서 회의에 참석한 사람은 회의감에 젖어 시험에 들기도 한다.

  머리 되신 예수님의 지시에 철저히 순종하는 교회는 권세 있는 교회로서의 사명을 충성스럽게 감당하는 칭찬받는 교회가 될 것이다.

동역을 위해 존재하는 모든 지체

지체는 지체 자신을 위해 존재하지 않는다. 몸을 위해 존재한다. 그러므로 그리스도의 몸인 교회에 속한 모든 성도는 동역 의식을 가져야 한다. 교회의 모든 직분은 동역자가 되어 교회를 세우기 위해서다.

"그가 어떤 사람은 사도로, 어떤 사람은 선지자로, 어떤 사람은 복음 전하는 자로, 어떤 사람은 목사와 교사로 삼으셨으니 이는 성도를 온전하게 하여 봉사의 일을 하게 하며 그리스도의 몸을 세우려 하심이라"(엡 4:11-12).

지체가 다른 지체와 함께 머리의 지시대로 움직이지 않는다면 지체이기를 포기한 것이다. 건강한 지체는 약한 지체나 병든 지체를 보완해 주고 도와주어야 한다. 동역의 의미 속에는 자기 사랑이 없다. 섬김과 헌신, 지체에 대한 사랑이 있을 뿐이다. 동역 의식을 가지면 좋은 팀워크로 하나님의 일을 할 수 있다.

오래전 교회 내 한 부서 모임에서 한 형제가 교회 안에 정수기 설치를 주장했다. 의견을 낸 형제에게 정수기 설치 이후의 관리를 제안하자 자신은 할 수 없다고 발을 빼는 것이었다. 요구하고 주장은 하지만 섬길 자세가 되어 있지 않으면 동역자라고 말할 수 없다.

동역은 하나님 나라를 확장하고 하나님의 뜻을 이루기 위해 마음과 힘을 모아 섬기는 것이다. 하나님 나라를 위한 동역자들은 자기과시와 자기만족을 위해 일하지 않는다. 직분 때문에 일하지도 않는다. 오직 주님의 그 크신 십자가 사랑과 은혜에 감사해서 섬긴다. 좋은 동역자가 많을수록 교회는 권세 있는 교회로서의 역할을 잘 감당할 수 있다.

복음의 동역자

동역자는 헬라어로 '함께 일하는 자', '함께 땀 흘리며 수고하는 자'를 말한다. 하나님의 일을 하는 데는 동역자가 필요하다. 사도 바울은 "우리는 하나님의 동역자들이요"(고전 3:9)라고 말했다. 모든 그리스도인은 매사에 '하나님의 동역자'라는 확신을 갖고 임해야 한다.

처녀 마리아가 예수님을 낳을 수 있었던 것은 요셉의 동역이 있었기 때문이다. 인류를 구원하고 하나님의 계획과 목적이 이루어지는 데는 요셉의 동역이 필요했다. 요셉 자신은 주의 사자의 분부대로 행하면서 그 일이 대단한 일이라고 생각하지 않았다(마 1:24). 단지 순종했을 뿐이다. 그러나 요셉은 온 인류를 구원하는 사역에 동역한 것이다.

교회 개척 초기에 함께 동역할 동역자 12명만 있으면 좋겠다고 생각한 적이 있다. 실제로 전도해서 함께 일할 동역자로 세우기까지는 오랜 기간이 걸렸다. 희생과 대가 없는 인스턴트식의 동역자는 필요하지 않다.

사도 바울이 맺은 풍성한 사역의 열매는 좋은 동역자들 때문에 가능했다고 말할 수 있다. 바울 서신에는 함께 사역한 동역자의 이름이 많이 나온다. 여기에는 그와 함께한 동역자에 대한 감사와 애틋한 사랑이 묻어 있다. 바울이 전도한 사람이 동역자가 되어 하나님 나라를 위해 쓰임받게 된 것이다. 이는 가장 이상적인 동역자의 모델이다. 전도와 훈련이 없다면 동역에 한계가 따를 수밖에 없다. 사도 바울은 동역자들과 함께 좋은 팀워크를 이루어 선교했다. 바울의 동역자들에 대해 『바울의 공동체 사상』을 쓴 로버트 뱅크스는 "바울은 동료 사도이자 조력자로서 선교 사역을 시작하여(행 13:2-4) 후에는 선임자가 되었다(행 13:13 이하). 제2차 선교 여행에서 그는 자신의 조력자를 선택하고(행 15:40), 디모데를 시작으로 추가 인원을 모집함으로써 선교팀의 구성원을 확대해 나갔다(행 16:1-3)"라고 했다. 바울의 사역에 함께한 동역자는 40여 명에 달한다. 이중 많은 사람이 평신도였다. 바울이 사랑으로 소개한 동역자들은 다음과 같다.

바울의 남자 동역자

- 디모데: 나와 같이 주의 일에 힘쓰는 자(고전 16:10)
- 스데바나: 아가야의 첫 열매요 또 성도 섬기기로 작정한 자 (고전 16:15)
- 빌레몬: 바울의 사랑을 받는 자요 동역자(몬 1:1)
- 아킵보: 우리와 함께 병사 된 자(몬 1:2)
- 에바브로디도: 바울의 형제요 함께 수고하고 함께 군사 된 자요 바울의 쓸 것을 돕는 자(빌 2:25)
- 디도: 바울의 동료요 너희를 위한 나의 동역자로 여러 교회의 사자요 그리스도의 영광(고후 8:23)
- 두기고: 사랑을 받는 형제요 신실한 일꾼이요 주 안에서 함께 된 종(골 4:7)
- 더디오: 바울의 편지를 대서한 자(롬 16:22)
- 마가: 나의 동역자(몬 1:24)
- 누가: 바울의 사랑을 받는 의원, 나의 동역자(골 4:14; 몬 1:24)
- 가이오: 나와 온 교회를 돌보아 주는 자(롬 16:23; 행 19:29)
- 아리스다고: 나와 함께 갇힌 자, 나의 동역자(골 4:10; 몬 1:24)
- 유스도라 하는 예수: 하나님 나라를 위하여 함께 역사하는 자(골 4:11)
- 아굴라: 나의 동역자, 바울의 목숨을 위하여 자기의 목이라

도 내놓은 자(롬 16:3-4)
- 아드로니고: 나와 함께 갇혔던 자(롬 16:7)
- 유니아: 나와 함께 갇혔던 자(롬 16:7)
- 암블리아: 주 안에서 내 사랑하는 자(롬 16:8)
- 우르바노: 우리의 동역자(롬 16:9)
- 스다구: 나의 사랑하는 자(롬 16:9)
- 아벨레: 그리스도 안에서 인정함을 받은 자(롬 16:10)
- 아리스도불로: 그리스도 안에서 인정함을 받은 자와 권속(롬 16:10)
- 헤로디온: 내 친척(롬 16:11)
- 루포: 주 안에서 택하심을 입은 자(롬 16:13)
- 브드나도: 바울과 고린도 교회 성도들의 마음을 시원케 한 자(고전 16:17-18)
- 아가이고: 바울과 고린도 교회 성도들의 마음을 시원테 한 자(고전 16:17-18)

바울의 여자 동역자

- 루디아: 두아디라 성의 자주 장사로서 하나님을 공경함(행 16:14, 40)
- 브리스가: 나의 동역자, 바울의 목숨을 위하여 자기 목이라

도 내놓음(롬 16:3-4)
- 마리아: 너희를 위해 많이 수고함(롬 16:6)
- 드루베나: 주 안에서 수고함(롬 16:12)
- 드루보사: 주 안에서 수고함(롬 16:12)
- 버시: 주 안에서 많이 수고하고 사랑함(롬 16:12)
- 뵈뵈: 겐그레아 교회 일꾼으로 있는 우리 자매(롬 16:1)
- 유오디오: 나와 함께 힘쓰던 나의 동역자(빌 4:2-4)
- 순두게: 나와 함께 힘쓰던 나의 동역자(빌 4:2-4)
- 글레멘드: 나의 동역자(빌 4:3)
- 압비아: 자매 압비아(몬 1:2)
- 루포의 어머니: 곧 내 어머니(롬 16:13)

이 외에 아순그리도와 블레곤과 허메와 바드로바와 허마와 저희와 함께 있는 형제들(롬 16:14)과 빌롤로고와 율리아와 또 네레오와 그 자매와 올름바(롬 16:15) 등이 있다. 사도 바울이 끈질긴 대적들의 방해와 핍박 가운데서도 풍성한 복음의 열매를 맺을 수 있었던 것은 그리스도의 몸 된 교회의 지체 의식을 가진 동역자들 때문이었다. 아름다운 동역자들은 바울의 기쁨이요, 면류관이었다(빌 4:1).

나도 자랑하고 싶은 동역자들이 있다. 한결같은 마음으로 끝까지 함께해 준 지체들, 교회가 가장 힘들 때 힘이 나도록 물질로 섬긴 지체들, 전도에 열정을 가지고 함께 뛰어 준 지체들, 기도로 섬긴 지체들, 소리 없이 말없이 궂은 일을 마다하지 않는 지체들, 교회에 어려움이 있을 때 자신의 아픔보다 더 아파하고 격려하고 기도해 준 지체들…. 이들 때문에 용기를 얻고 사역에 힘을 낸 적이 한두 번이 아니다.

다른 사람이 알아주지 않아도 묵묵히 동역의 손을 놓지 않고, 불이익을 당하면서도 불평하지 않은 존경스러운 동역자들. 하나님은 이들을 이미 알고 계실 것이다. 그래도 나는 이들의 섬김을 자랑하고 싶다. 하나님 나라는 동역의식을 가진 제자들로 확장되어 간다. 사역을 마치는 날 회고록을 쓸 수 있다면 이들 때문에 풍성한 열매를 맺었고 행복했노라고 자랑하고 싶다.

"마음을 같이하여 같은 사랑을 가지고 뜻을 합하며 한마음을 품어 아무 일에든지 다툼이나 허영으로 하지 말고 오직 겸손한 마음으로 각각 자기보다 남을 낫게 여기고 각각 자기 일을 돌볼 뿐더러 또한 각각 다른 사람들의 일을 돌보아 나의 기쁨을 충만하게 하라"(빌 2:2-4).

건강한 동역자가 되기 위해 버릴 것

1) 낮은 자존감을 극복하라

자존감이 낮은 사람은 일을 맡기면 잘할 수 없다고 거부한다. 그렇다고 맡기지 않으면 상처를 받는다. 자신에 대한 불신으로 자신의 가치까지 부인한다. 조그만 일에도 쉽게 상처받고 분노하고 감정의 기복이 심해서 다른 지체를 불편하게 만든다.

우리는 예수님이 십자가에서 죽으시면서까지 자녀로 삼으신 그 크신 하나님의 사랑과 은혜를 깊이 생각하고 하나님의 형상으로 지음받은 존재임을 확신해야 한다. 또한 성령 하나님이 언제나 함께하심을 알아야 한다.

"너희가 악할지라도 좋은 것을 자식에게 줄 줄 알거든 하물며 너희 하늘 아버지께서 구하는 자에게 성령을 주시지 않겠느냐 하시니라" (눅 11:13).

2) 교만은 쓰레기통에 넣으라

교만한 사람은 자신을 너무 과신하여 다른 사람을 무시하고 상처를 준다. 자신이 아니면 안 된다는 생각으로 성령의 인도하심에 무지하다. 자신이 맡은 일은 다른 사람이 절대로 간섭하지 못하게 하지만, 자신은 남의 일에 함부로 간섭한다.

건강한 동역자가 되려면 하나님과 깊은 교제를 통해 그분을 매일 경험하면서 그분을 향한 경외심을 가져야 한다. 하나님은 교만한 자를 싫어하시므로 교만은 우리를 파멸시킨다.

"그러나 더욱 큰 은혜를 주시나니 그러므로 일렀으되 하나님이 교만한 자를 물리치시고 겸손한 자에게 은혜를 주신다 하였느니라"(약 4:6).

3) 자기사랑은 독약이다

이런 사람은 남을 배려하거나 포용하지 않고 자기중심으로 행동하는데, 자신의 마음에 맞지 않으면 시비를 걸고 끝까지 되갚아 주려고 한다. 이들은 공동체에서 일어나는 반목과 분열의 원인 제공자다. 말세에 고통당하는 첫 번째 이유가 자기를 사랑하기 때문이다. "너는 이것을 알라 말세에 고통하는 때가 이르러 사람들이 자기를 사랑하며 돈을 사랑하며 자랑하며 교만하며 비방하며 부모를 거역하며 감사하지 아니하며 거룩하지 아니하며"(딤후 3:1-2).

예수님의 십자가 사랑을 마음속 깊이 새기지 않으면 자기사랑으로 자신뿐 아니라 다른 지체들에게까지 고통을 줄 수밖에 없다.

4) 과도한 열심을 경계하라

열심히 하는 것은 좋지만 간혹 결과가 좋지 못한 때가 있다. 이때는 섬김의 의도와 종의 자세를 점검해 볼 필요가 있다. 열심 하나만 가지고 주의 일을 할 수는 없다. 종의 자세가 없다면 열심히 하고도 불평과 원망으로 다른 지체와 교회에 어려움을 주게 된다.

마르다는 예수님을 대접하기 위해 분주하게 일하면서도 마리아를 원망했다. 섬김의 자세가 부족했기 때문이다. 자신의 만족을 위해 열심히 하는 것은 주님으로부터 칭찬받기는커녕 자신이 속한 교회와 다른 지체를 불편하게 만들 뿐이다. 그러므로 우리는 철저한 종의 자세를 가져야 한다.

"이와 같이 너희도 명령 받은 것을 다 행한 후에 이르기를 우리는 무익한 종이라 우리가 하여야 할 일을 한 것뿐이라 할지니라"(눅 17:10).

5) 무질서가 조화를 깬다

머리 되신 주님의 뜻보다 자기 기분에 따라 열심을 내지만 전체적인 조화를 깨고 결국에는 지도자와 공동체를 어렵게 만드는 사람이 있다. 생각하지 말아야 할 것까지 생각하다 보니 자기 마음과 지도자의 마음까지 힘들게 하기도 한다. 자신의 위치에서 최선을 다하고 자신의 영역이 아닐 때는 하나님께 맡기는 자세를 가져야 한다. 하나님은 모든 것을 주관하시고 간섭하시는 분이심을 알고 자신의 위치에서 최선을 다하는 것이 질서를 지키는 것이다. " 모든 것을 품위 있게 하고 질서 있게 하라"(고전 14:40).

권세 있는 교회를 꿈꾸라!

교회가 방향을 잃으면 세상 사람의 마음을 사로잡는 학원이나 구호단체처럼 행세하면서 그것으로 만족할 수도 있다. 그러나 교회의 목적은 주님께서 이 땅에 오신 목적과 반드시 일치해야 한다. 교회가 주님의 뜻에 따라 행할 때 비로소 권세 있는 교회로서의 사명을 감당할 수 있다.

릭 워렌 목사는 『새들백 교회 이야기』에서 현존하는 다섯 부류의 교회를 예로 들고 있다.

첫째, 전통이 이끌어 가는 교회다. 이런 교회는 변화를 허락하지 않는다. 지금까지 했던 것 자체를 바꾸면 큰일 날 것처럼 생각해서 변화를 거부한다. 전통을 하나님의 뜻만큼이나 중요시한다. 예를 들어 강단의 형태를 바꾸는 데도 몇 년이 걸린다.

둘째, 인물이 이끌어 가는 교회다. 교회에서 오랫동안 신앙생활을 한 사람 중심으로 교회가 이끌려 나간다. 이런 경우 새로운 사람이 교회에 정착하기가 어렵다. 목회자가 의욕적으로 사역하려고 해도 오래된 자들의 반대나 텃세에 부딪혀 어려움을 겪게 된다.

셋째, 예산이 이끌어 가는 교회다. 모든 일을 예산에 따라 행하다 보니 예산을 초과하면 아무 일도 하지 못한다. 어떤 일을 해도 예산 타령이고, 예산 안에서 모든 일을 해야 한다.

넷째, 건물이 이끌어 가는 교회다. 교회 성장이 건물인양 끊임없이 건물을 지어 교회의 규모를 자랑한다.

다섯째, 프로그램이 이끌어 가는 교회다. 한 주간이 프로그램으로 가득 차 있다. 문화센터, 주부 강좌, 세미나, 노인대학 등 프로그램이 교회의 전부를 장식하고 있다.

릭 워렌 목사는 이 다섯 가지 유형의 교회를 지향하면 쇠퇴할 수밖에 없다고 하면서 진정한 교회의 모습은 '목적이 이끌어 가는 교회'여야 한다고 말한다.

예수님이 오신 목적은 생명을 주시기 위해서다. 생명을 주시기 위해 자기 목숨을 대속물로 주셨다. "인자가 온 것은 섬김을 받으려 함이 아니라 도리어 섬기려 하고 자기 목숨을 많은 사람의 대속물로 주려 함이니라"(막 10:45)고 하셨다.

교회는 영혼 구원을 통해 생명을 주는 교회로서의 역할을 잘 감당해야 한다. 영혼을 구원하려는 열망이 식으면 교회는 교회로서의 생명력을 잃게 된다. 그러므로 교회가 여러 사역을 하고 프로그램을 운영하더라도 그 속에 잃어버린 자를 찾으려고 하는 열정이 식어서는 안 된다(눅 9:10).

예수님의 사역은 섬김으로 시작하여 섬김으로 끝난다. 섬김은 참으로 위대하고 아름답다. 섬김이 예수님 사역의 기본 정신이었으므로 교회 내 지체들에게도 기본 정신이 되어야 한다. 예수님은 제자들에게 종의 도를 가르치셨다. 그러므로 교회는 종의 도를 실천하는 섬기는 지체가 되어야 한다. 몸 속에 숨어 있는 지체가 제 역할을 감당해야 건강하게 살 수 있듯 이름 없이 빛도 없이 섬기는 지체들 때문에 권세 있는 교회로서의 역할을 감당할 수 있다.

예수님의 제자가 많은 교회는 주님이 주신 권세를 가지고 영향력을 행사할 수 있다. 예수님의 제자들이 세상으로 나가서 복음을 전하자 세상 사람이 주님 앞에 나오기 시작했다. 그리고 그들은 다시 제자가 되어 세상으로 나갔고 세계 곳곳에 교회가 세워졌다.

주님의 제자가 가득 찬 권세 있는 교회가 이 땅에 가득하기를 간절히 소원해 본다.